Summm

Trennkost mediterran

**Ursula Summ,** Bestsellerautorin zahlreicher Trennkostbücher, wurde 1947 in Hofheim/Ts. geboren. Schwer übergewichtig und krank, entdeckte sie nach vielen vergeblichen Diätversuchen 1978 die Hay'sche Trennkost für sich selbst. Zum ersten Mal fand sie wirklich Hilfe und begann, diese Ernährung weiterzuentwickeln und ihre Erfahrungen anderen Menschen mitzugeben. Inzwischen lebt Ursula Summ seit einigen Jahren in Spanien und genießt die Trennkost-Küche auf die mediterrane Art.

Wenn Sie an Trennkost interessiert sind und sich gern von Ursula Summ persönlich beraten lassen möchten, können Sie über die Website der Autorin www.trennkost.de an einem Trennkost-kurs teilnehmen. Per Post oder zum Download erhalten Sie von ihr ein komplett ausgearbeitetes Programm zur Gewichtsabnahme. Nach Kursende können Sie Ihr erworbenes Wissen auch beruflich nutzen und Trennkost-Berater/-in werden.

Ursula Summm

# Trennkost mediterran

Den Urlaub nach Hause holen

122 Rezepte aus Europas Süden

# INHALT

# Liebe Leserin, lieber Leser,

wer liebt sie nicht, die herrliche Küche des Südens? Ich selbst bin ein großer Fan mediterraner Kost, denn sie kommt der Trennkost in vielem sehr entgegen: Frisches Obst, Gemüse und knackige Salate stehen auf der Speisekarte ganz oben, ebenso das wertvolle Olivenöl oder der gefäßreinigende Knoblauch.

Das Besondere an der Mittelmeerküche sind natürlich die unvergleichlichen Geschmackserlebnisse. Die typischen würzigen Kräuter verleihen den Gerichten ein Aroma, das nach Sonne und Süden schmeckt. Allein der Duft von Rosmarin und Thymian lässt einem das Wasser im Mund zusammenlaufen!

Genießen wie am Mittelmeer: Essen Sie viel frisches Obst und Gemüse, verwenden Sie Olivenöl und frische Kräuter, gönnen Sie sich mal ein Gläschen Wein und vor allem: Nehmen Sie sich für das Essen viel Zeit!

Doch mediterranes Essen ist nicht nur ein kulinarischer Genuss, sondern wirkt sich auch auf unsere Gesundheit positiv aus. So haben groß angelegte Studien bestätigt, dass erhöhte Blutfettwerte, veränderter Zuckerstoffwechsel und Fettleibigkeit, auch als metabolisches Syndrom bekannt, bei dieser Ernährungsweise deutlich seltener auftreten. Auch der Trennkost wird, wie Sie sicher wissen, diese gesundheitliche Wirkung nachgesagt. Unter diesem Aspekt war es für mich besonders spannend, die traditionelle Mittelmeerküche mit der Trennkost zu verbinden.

Herausgekommen ist eine reiche Sammlung köstlicher Rezepte im mediterranen Trennkoststil, angefangen bei den beliebten Klassikern wie Antipasti, Tapas, Bruschetta oder Ratatouille bis hin zu raffinierten Hauptgerichten, die jedoch alle leicht nachzukochen sind: Probieren Sie doch einmal Lammschulter mit Auberginen, Hähnchenbrustfilet in einer Orangen-Senf-Sauce oder Wolfsbarsch in Salzteig! Auch süße Speisen kommen nicht zu kurz. Die herrlich cremige, leicht süßlich schmeckende Avocadocreme »Crema di avocado al Ronc« beispielsweise wird auch Ihre Familie oder Freunde begeistern.

Apropos Freunde: In geselliger Runde macht das Ausprobieren der Rezepte natürlich besonders viel Spaß. Denn Essen und Trinken dient ja bekanntlich nicht nur der einfachen Nahrungsaufnahme, sondern bringt die Menschen zusammen und macht gute Laune. Lassen Sie sich anstecken vom mediterranen Lebensgefühl!

In diesem Sinne wünsche ich Ihnen viel Spaß beim Kochen und Genießen.

Herzlichst, Ihre Ursula Summ

# Trennkost – mit allen Sinnen genießen

**Leicht, frisch und bekömmlich die Mahlzeiten, dazu eine entspannte Atmosphäre bei Tisch – so stelle ich mir gesundes Essen vor. Kommen Sie mit und schauen Sie in die Kochtöpfe unserer südeuropäischen Nachbarn! Hier finden Sie Köstlichkeiten für jeden Geschmack – und der Süden ist ganz nah.**

# Trennkost mediterran – eine ideale Kombination

**Trennkost und die Mittelmeerküche sind ein ideales Paar: Beide Ernährungsformen legen größten Wert auf frische und bekömmliche Zutaten, schützen vor Zivilisationskrankheiten und helfen beim Abnehmen.**

Genießen Sie leicht und unbeschwert wie im Urlaub! Mit Trennkost ist das ganz einfach, denn diese Ernährung setzt, ebenso wie die mediterrane Küche, immer auf gesunde Zutaten. Dazu gehören viel frisches Gemüse und Salat, saisonales Obst, aromatische Kräuter, Knoblauch, Nüsse, Vollkornprodukte, Käse, mageres Fleisch, fangfrischer Fisch und Meeresfrüchte. Zur Zubereitung der Speisen verwenden Sie am besten hochwertiges Öl wie zum Beispiel natives Olivenöl extra. Erlaubt ist ab und zu auch ein Gläschen Rotwein zum Essen.

Trennkost und Mittelmeerkost kombiniert sind kulinarische Boten: Sie zeigen, dass Genuss und gesunde Ernährung einander nicht ausschließen. Denn mediterrane Trennkost schützt vor ernährungsbedingten Krankheiten und sorgt zudem dafür, dass Sie überflüssige Pfunde verlieren.

## Ein Stück Urlaub auf Ihrem Teller

Die mediterrane Trennkost wird Sie begeistern: Sie weckt nicht nur Erinnerungen an Sommer, Sonne und Meer, sondern ist auch herrlich unkompliziert – einfach in der Zubereitung und doch voller geschmacklicher Raffinesse. Wenn Sie bereits zu den Trennkost-Anhängern gehören oder sich mit Trennkost beschäftigt haben, dann wissen Sie, wie köstlich und abwechslungsreich die Gerichte sind. In Verbindung mit der Mittelmeerküche erweitert sich der Speiseplan nun noch um einiges mehr. Natürlich sind Auberginen, Kürbis, Artischocken, Knoblauch, Oliven und Olivenöl auch bei uns längst keine Exoten mehr, doch leider werden sie immer noch viel zu wenig in der täglichen Küche verwendet.

In den Ferien am Mittelmeer sieht das ganz anders aus. Statt Schnitzel und Bratwurst bestellt man mit Vorliebe gegrillten Fisch, dazu einen knackig frischen Salat, probiert Spinattaschen aus und hat auch vor Knoblauch keine Scheu. Und wenn Sie sich im Urlaub endlich wieder frei und unbeschwert fühlen, dann ist dies nicht nur auf die stressfreien Tage, sondern häufig auch auf die bekömmliche Mittelmeerkost zurückzuführen.

Und genau dies ist auch das Ziel der Trennkost: Speisen leicht verdaulich zu machen! Dafür sorgt neben der Auswahl der Lebensmittel auch die Art der Zubereitung. Kein Sodbrennen, kein Völlegefühl, keine Verdauungsstörungen belasten Sie mehr, dafür spüren Sie mehr Energie und fühlen sich auch sonst rundum wohl in Ihrer Haut.

Lassen Sie sich von meinen Rezepten inspirieren, wandeln Sie gerne auch mal eines ab oder denken Sie sich eigene Kreationen aus. Neue Ideen sind beim Kochen immer willkommen!

Übrigens: Um diese südländischen Rezepte nachkochen zu können, müssen Sie keine langen Wege auf sich nehmen: Sie finden fast alle Zutaten auf dem heimischen Wochenmarkt oder, noch einfacher, Sie kaufen sie bequem in Ihrem Supermarkt.

## Trennkost-Basics

Trennkost ist eine Ernährungsform, deren Hauptmerkmal darin besteht, stark eiweißhaltige und kohlenhydrathaltige Speisen getrennt voneinander zu essen. Konkret bedeutet dies: Sie essen bei einer Trennkostmahlzeit zu Fleisch oder Fisch keine Kartoffeln, Nudeln oder Reis, im umgekehrten Fall zu Kartoffeln, Nudeln oder Reis kein Fleisch oder Fisch. Dazu aber jede Menge Gemüse und Salat.

Dr. Howard Hay, amerikanischer Mediziner, der Erfinder der Hay'schen Trennkost, trennte die stark eiweißhaltigen von den stark kohlenhydrathaltigen Speisen und ordnete sie den entsprechenden Verdauungssäften zu. Denn alle Nahrungsmittel, die wir essen, werden auf unterschiedliche Art verdaut. Unser Körper benötigt zur Verdauung von eiweißreichem Fleisch z. B. einen anderen Verdauungssaft als zur Verdauung kohlenhydratreicher Kartoffeln.

Bei den Kohlenhydraten beginnt die Vorverdauung bereits im Mund. Durch die Einwirkung der Amylase, eines basischen Enzyms des Speichels, wird die Stärke der Kohlen-

### WISSEN

#### Das Besondere an Trennkost

Essen und Trinken im Rahmen der mediterranen Trennkost – das bedeutet neben Genuss pur, den Körper mit wichtigen Vitaminen und Mineralstoffen zu versorgen und gleichzeitig die biochemischen Gesetze der Verdauungsorgane zu berücksichtigen.
Im Grunde essen Sie weiterhin das, was Sie immer gegessen haben, eben nur in einer anderen, harmonischeren Reihenfolge. Die Mahlzeiten werden anders zusammengestellt, doch am Ende des Tages haben Sie all das gegessen, was ein »Mischköstler« kombiniert auf seinem Teller hat.

hydrate in winzige Teilchen zerlegt. Kauen Sie zum Beispiel über eine längere Zeit ein Stück Brot, so spüren Sie deutlich einen zunehmend süßlichen Geschmack. Beim Kauen wird die neutral schmeckende Stärke des Brots in kleine Teile zerlegt, die dabei entstehenden Dextrine schmecken süß.

Um hingegen eiweißreiche Lebensmittel vorverdauen zu können, benötigt der Körper unbedingt das saure Milieu des Magens. Hier wird das Verdauungsenzym Pepsin aktiv. Es zerlegt, in Verbindung mit Salzsäure, die Eiweiße in kleinere Bausteine, die sogenannten Peptide.

Im Magen selbst werden keine Enzyme für die Kohlenhydratverdauung hergestellt. Doch die Wirkung der Amylase bleibt so lange erhalten, bis der Mageninhalt mit Magensäure vermischt wird.

### Die drei Lebensmittelgruppen

Neben den eiweiß- und kohlenhydratreichen Nahrungsmitteln finden Sie im übersichtlichen Kombiplan (siehe S. 20/21) die dritte Lebensmittelgruppe, die sogenannten »Neutralen«, auch »Kombis« genannt. Die »neutralen Lebensmittel« beeinflussen weder die Eiweiß- noch die Kohlenhydratverdauung ungünstig, sondern harmonieren mit allen Nahrungsmitteln. Sie sind nochmals in zwei Gruppen unterteilt – in Säure bildende und Basen bildende Kost. Mit den Neutralen Teil 1 sollten Sie eher sparsam umgehen, bei den Neutralen Teil 2 brauchen Sie sich nicht einzuschränken.

Wie aber kann es nun sein, dass auch eiweißreiche Lebensmittel unter den Neutralen bzw. Kombis zu finden sind, also beispielsweise gesäuerte Milchprodukte und verschiedene Käsesorten gut mit kohlenhydratreichen Lebensmitteln zusammen gegessen werden können?

Die Antwort ist ganz einfach: Das Eiweiß von gesäuerten Milchprodukten wie z. B. Joghurt, Quark, Buttermilch verändert sich durch den Säuerungsprozess, flockt aus und wird somit leichter verdaulich. Bei Käsesorten, die aus roher Milch geschöpft sind, wird die Milch durch die Milchsäurebakterien gesäuert – damit wird der Käse leichter verdaulich. Erhitzte und pasteurisierte Käsesorten sind etwas schwerer verdaulich und zählen daher zur Eiweißgruppe.

Milch, egal welcher Fettstufe, zählt zur Eiweißgruppe und sollte nicht mit Kohlenhydratgerichten verarbeitet werden (z. B. in Kartoffelbrei, Reisbrei, Pudding, Müsli oder Kuchen). Milch zählt zu den schwer verdaulichen Nahrungsmitteln, da sie im Magen aufgrund der sauren Verdauungssäfte gerinnt und einen Klumpen bildet.

**Einen neutralen Milchersatz für kohlenhydrathaltige Gerichte können Sie aus einem Drittel Sahne und zwei Dritteln Wasser herstellen. Auch Soja-, Hafer-, Reis-, Kokos- oder Mandelmilch bieten sich hier an.**

## WISSEN

### Mediterrane Esskultur

Unsere südeuropäischen Nachbarn leben zwar nicht bewusst nach den Regeln der Trennkost, doch stimmen sie seit jeher ihre Mahlzeiten harmonisch miteinander ab. Zu einem Fleisch- oder Fischgericht werden etwa in Spanien einfach Tomaten oder Gurken aufgeschnitten, gewürzt und mit Olivenöl beträufelt. Natürlich wird, wie überall rund um das Mittelmeer, Brot zu jeder Mahlzeit gegessen, allerdings ohne Belag. Wie Sie selbst dies halten möchten, liegt in Ihrem eigenen Ermessen. Ein kleiner Tipp: Alles etwas lockerer sehen!

Rohes Fleisch und roher Fisch sind ebenfalls eiweißreiche Lebensmittel. Sie zählen dennoch zu den Neutralen, da ihre Zellstruktur noch unverändert ist. Durch Erhitzen verändern sich die Zellmembranen, sie verhärten und verdichten sich und werden dadurch schwerer verdaulich.

### Was macht die Mittelmeerküche so gesund?

Im Dschungel der vielen Ernährungstipps gibt es so viele widersprüchliche Informationen, dass wir oft nicht wissen, was uns wirklich guttut. Doch in einem Punkt sind sich alle einig: Die mediterrane Ernährung ist sehr gesund und wirkt sich positiv auf unser Wohlbefinden aus.

Reifes Obst als Zwischensnack, knackfrische Salate oder zartes Gemüse – am Mittelmeer gibt es kaum eine Mahlzeit ohne diese wichtigen Vitamin- und Mineralstofflieferanten. Der üppige Obst- und Gemüseverzehr stärkt auf natürliche Weise das Immunsystem, reguliert den Stoffwechsel und hilft bei der Entgiftung freier Radikale.

Diese traditionelle Esskultur der Südeuropäer entspricht dem Trennkostprinzip der basenreichen Ernährung. Das ist auch die große Gemeinsamkeit von Mittelmeerküche und Trennkost: Beide Ernährungsformen bestehen aus überwiegend pflanzlichen Lebensmitteln, die frisch und schonend zubereitet werden.

## WISSEN

### Säure und Basen bildende Nahrungsmittel

Mit einem Mix aus 60 bis 80 Prozent basischen Lebensmitteln und 20 bis 40 Prozent Säurelieferanten versorgen Sie Ihren Körper optimal und wirken einer Übersäuerung entgegen.

**Stark Basen bildende Lebensmittel sind:**

Gemüse, Salate, Kartoffeln, Keimlinge, Sprossen, frische Kräuter, reifes Obst, Sahne

**Mittel bis schwach Basen bildend:**

Pilze, frisch gepresste Säfte, Butter, Nüsse, Trockenobst

**Stark Säure bildend:**

Fleisch- und Wurstwaren, Fisch- und Meeresfrüchte, Eier, Käse, Weißmehlprodukte, Hülsenfrüchte, raffinierter Zucker, Süßwaren, gehärtete Pflanzenfette, raffinierte Öle, Limonaden, Kaffee, Schwarztee, Kakao, alkoholische Getränke

**Mittel bis schwach Säure bildend:**

Getreide, Vollkornprodukte, Quark, gesäuerte Milchprodukte

Und dieser Mix aus Vitaminen, Mineralstoffen und Spurenelementen ist wichtig für unsere Gesundheit: Er beugt z. B. Herz-Kreislauf-Erkrankungen, Schlaganfall und Krebs vor. Ebenso können Menschen, die an Diabetes, Multipler Sklerose oder Rheuma erkrankt sind, von der entzündungshemmenden Wirkung der mediterranen Trennkost profitieren. Auch zur Vorbeugung gegen Alzheimer ist diese Ernährung geeignet.

### Die Säure-Basen-Balance

Unser Körper wird täglich mit einer Flut saurer Stoffe belastet. Diese schädlichen Säuren entstehen im Stoffwechsel als Zwischen- und Endprodukte des Eiweiß-, Kohlenhydrat- und Fettabbaus, aber auch, wenn wir Stress haben und oder bestimmte Medikamente einnehmen. Bildet der Stoffwechsel Säuren, müssen zum Ausgleich ausreichend Basen zur Verfügung stehen. (Basen sind alkalische Mineralien, die vor allem in Obst, Salat und Gemüse enthalten sind.) Übersäuerung hat auf fast alle Organe und Zellen einen schädigenden Einfluss, macht übergewichtig und lässt uns vorzeitig altern. Erste Anzeichen und Warnsignale können sich durch Müdigkeit, depressive Verstimmungen, Unwohlsein, Übelkeit, aber auch durch Sodbrennen bemerkbar machen.

# Mein Lebe

José ist immer gut drauf. Darum kaufe ich mein Obst auf dem Wochenmarkt in Denia am liebsten bei ihm.

Heute gibt es Rumpsteak mit frischer Kräuterbutter, dazu Ofenpaprika mit kleinen Knoblauchstückchen – lecker mediterran!

Ohne Kräuter geht bei mir gar nichts mehr. Alleine durch den Duft von frischem Rosmarin bekomme ich Lust, etwas Leckeres zu kochen!

# m Süden

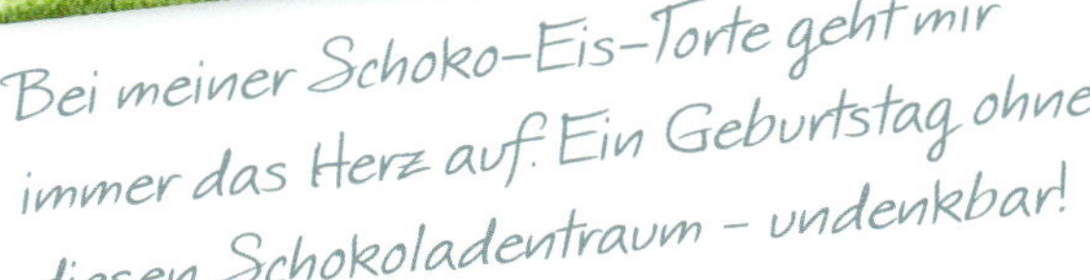

Bei meiner Schoko-Eis-Torte geht mir immer das Herz auf. Ein Geburtstag ohne diesen Schokoladentraum – undenkbar!

Katerchen Seppl, unser Findelkind – immer dabei, wenn etwas los ist!

Köstlicher Rotwein, dazu ein Stück Manchego-Käse, Schinken und Oliven. Was braucht man mehr, um glücklich zu sein?!

## So treffen Sie Ihre Wahl

Wie können Sie nun die Trennkost-Rezepte in Ihren Speiseplan einbauen? Oder anders gefragt: Was können Sie wann essen? Um Ihnen die Auswahl zu erleichtern, finden Sie hier ein paar Vorschläge für verschiedene Mahlzeiten und Menüs.

### Kleine Mahlzeiten – so lecker

Antipasti oder Tapas sind kleine Speisen für zwischendurch, die auch als Auftakt eines mehrgängigen Menüs serviert werden. Typische italienische Antipasti sind Salami, Schinken, Oliven, Käse, mariniertes Gemüse sowie eingelegte Fische und Meeresfrüchte.

Spanische Tapas sind kleine Köstlichkeiten, angefangen bei kleinen eingelegten Fischen bis hin zu frittierten Zucchini und Käse mit Oliven. Tapas waren ursprünglich Brotstücke, mit denen man die Gläser bedeckte, um Fliegen fernzuhalten.

Wählen Sie nach Ihrem Geschmack und bereiten Sie sich nach Belieben vormittags z. B. ein pikantes Pilzomelett oder geröstetes Brot mit Tomate zu. Herzhafter sind die Fleischbällchen in Tomatensauce und dazu geröstete Paprikaschoten. Zu mariniertem Rinderfilet wie auch zu gebeiztem Lachs können Sie, wenn Sie mögen, Brot essen, da beide Speisen neutral sind.

Eine Garnelentortilla oder das Pilzomelett können Sie als herzhaftes Frühstück essen, aber auch später am Tag zusammen mit einem gemischten Salat als Hauptspeise genießen. Auch zum Mitnehmen an den Arbeitsplatz eignen sich Tapas vorzüglich, da viele von ihnen warm und kalt gegessen werden können.

### Ein Süppchen in Ehren

Unter dem Kapitel »Suppen« finden Sie leichte Gemüsesuppen mit Einlage, cremige Suppen, einen kräftigen Eintopf oder, für heiße Tage, eine kalte Gurkensuppe und eine Gazpacho.

Hier bleibt es Ihnen überlassen, ob Sie eine neutrale Suppe als Vorspeise wählen oder daraus, zusammen mit einem Vollkornbrötchen, eine Hauptmahlzeit machen. Sie können natürlich auch eine Suppe aus der Kategorie Eiweiß, wie z. B. den »Gemüseeintopf mit Rindfleisch«, als Hauptgericht essen. Auch als kleine Zwischenmahlzeit ist eine Suppe immer willkommen.

### Grün und bunt ist gesund!

Essen Sie so vitaminreich wie möglich! Fünf Portionen Obst, Salat und Gemüse am Tag, so lautet die Empfehlung der Deutschen Gesellschaft für Ernährung. Gleiches empfiehlt auch die Trennkost. Da lohnt es sich besonders, heimisches Obst und Gemüse der Saison zu kaufen. Salate und Gemüse können Sie in beliebiger Menge zu einer Eiweiß- wie auch zu einer kohlenhydratreichen Mahlzeit essen. Ob Sie den Salat oder das Gemüse vor einem Fleisch- oder Fischgericht bzw. Pasta oder Kartoffeln essen oder lieber, nach deutscher Gewohnheit, zum Hauptgericht reichen, bleibt Ihnen überlassen.

Salate und Gemüse sind nicht nur in der Zubereitung ungemein vielseitig, sondern auch in den Kombinationsmöglichkeiten. So können Sie jeden neutralen Salat- oder Gemüseteller zusammen mit Fleisch, Fisch, Ei oder Käse in eine eiweißreiche Mahlzeit verwandeln oder umgekehrt mit gerösteten Brotwürfeln oder einem Stück Pizza als kohlenhydratreiche Mahlzeit servieren. Auch ein bunter Salatteller für den kleinen Hunger, bestehend aus verschiedenen Salat- und Gemüsesorten wie z. B. geraspelten Möhren, gehobelten Gurkenscheiben und in Stücke geschnittener Paprika, dazu ein leichtes Dressing mit vielen frischen Kräutern, ist nicht nur gesund, sondern schmeckt auch fantastisch.

### Fleisch & Fisch oder Pasta & Pizza?

Wenn Sie sich trennkostgemäß ernähren möchten, dann sollten Sie sich bei den Hauptmahlzeiten zwischen einer eiweiß- und einer kohlenhydratreichen Mahlzeit entscheiden. Wie wär's denn zur Abwechslung einmal mit gefüllten Rindfleischröllchen oder Dorade aus dem Ofen? Oder doch lieber vegetarisch, z. B. scharfe Spaghetti mit Paprika? Ergänzen Sie jede Mahlzeit mit einem knackigen Salat oder frischem Gemüse. Holen Sie sich dazu Ideen aus meinen Menüvorschlägen (siehe S. 112).

### Was darf's heute sein?

Probieren Sie mittags oder abends doch mal folgende Kombinationen aus – sie gehören übrigens zu meinen persönlichen Favoriten:

- »Pikantes Pilzomelett« oder »Garnelentortilla«. Essen Sie dazu frisch aufgeschnittene Tomaten.
- »Zucchinisuppe mit Knoblauchbaguette« stillt den kleinen Hunger am Mittag. Ohne Knoblauchbaguette ist diese Suppe neutral.
- »Pellkartoffeln mit Tsatsiki«. Essen Sie dazu eine frisch aufgeschnittene Gurke oder den »Gurkensalat mit gerösteten Pinienkernen«.
- »Kartoffelgratin«. Schneiden Sie sich zum Gratin einen kleinen Eisbergsalat in kleine Stücke oder bereiten Sie sich den »Gemischten Salat« zu.
- »Kleine Putenschnitzel mit Salbei«. Essen Sie dazu frisch aufgeschnittene Tomaten oder bereiten Sie sich den »Tomaten-Paprika-Mais-Salat« zu.
- »Scharfe Spaghetti mit Paprika«. Dazu schmeckt der »Chicoréesalat mit Knoblauchmarinade«.

### Naschen erlaubt! Köstliche Desserts

Ob cremig oder fruchtig, mit Schokolade oder eisgekühlt – ein Dessert bildet nicht nur den Abschluss eines mehrgängigen Menüs, Sie können diese köstlichen Naschereien ebenso als kleine Zwischenmahlzeit oder zum Nachmittagskaffee servieren.

Zum Süßen dieser Leckereien habe ich Honig, Birnendicksaft, Stevia GrooVia und Stevia Fluid verwendet. Wenn Sie eine Naschkatze sind und trotzdem Kalorien und Kohlenhydrate sparen möchten, empfehle ich Ihnen, die genannten Stevia-Produkte zu verwenden.

## Lecker essen und dabei abnehmen!

Wenn Sie abnehmen und dauerhaft schlank bleiben möchten, dann sollten Sie nicht lange zögern und noch heute Ihre guten Vorsätze in die Tat umsetzen. Sie werden es sehen und spüren: Das einzigartige Ernährungssystem der Trennkost hilft nicht nur bei der Fettverbrennung, sondern hält zusätzlich auch Ihren Insulinspiegel niedrig.

Dies ist wichtig, da ein hoher Insulinspiegel Heißhungerattacken hervorruft und zudem den Gegenspieler des Insulins, das Hormon Glucagon, in seiner Wirkung hemmt. Doch Glucagon ist bei einer Gewichtsabnahme entscheidend. Das Hormon aktiviert wichtige Enzyme zum Öffnen der Fettzellen. Ohne Glucagon bleibt das Fett in den Zellen und kann nicht abgebaut werden.

Unterstützen können Sie Ihr gesundes Abnehmen mit Trennkost durch ein moderates Fitnessprogramm. Wenn Sie die Kombination von gesunder Ernährung mit ausreichend Bewegung konsequent beibehalten, sind Sie auf dem richtigen Weg zu Ihrem Traumgewicht.

WISSEN

### Mein Tipp

In der Küche der Paracelsus Clinica al Ronc, im schön gelegenen Castaneda in der Schweiz, hat sich die Trennkost einen festen Platz erobert. Hier werden Patienten und Gäste nach dem wertvollen Ernährungskonzept der Trennkost bewirtet und zudem auch geschult – frei nach dem Motto: »Der Weg zur Gesundheit führt Sie nicht durch die Apotheke, sondern durch die Küche!«

### Stevia – die gesunde Alternative zu Zucker

Wir alle kennen die Lust auf etwas Süßes. Doch meistens ist süßes Naschwerk mit einer hohen Kalorienzahl verbunden. Nicht so bei Stevia. Stevia – zu deutsch Süßkraut – ist eine aus Südamerika kommende Pflanze, die schon seit Jahrhunderten von den Ureinwohnern als Süßmittel für Speisen und Getränke sowie für medizinische Zwecke verwendet wird.

Die Pflanze ist kalorien- und kohlenhydratfrei und hat keine toxischen Nebenwirkungen. Die enorme Süßkraft der Stevia-Pflanze liegt in dem komplexen Molekül namens »Steviosid« begründet. Die frischen Blätter schmecken nach Süßholz und süßen 10- bis 30-mal stärker als Zucker, die Extrakte der Pflanze können die 300-fache Süßkraft von raffiniertem Zucker erreichen. Und dies alles ohne Kohlenhydrate und ohne Kalorien! Darum hat Stevia auch keinen negativen Einfluss auf den Blutzuckerspiegel und ist ein Segen für Übergewichtige, Diabetiker und Menschen mit Neurodermitis oder Magenproblemen.

### Stevia ist nicht gleich Stevia

Inzwischen wird Stevia in vielen Ländern, besonders in China, angebaut und in verschiedenen Formen und Qualitäten angeboten. Die Angabe, dass es sich bei dem Produkt um einen 100-prozentigen Stevia-Extrakt handelt, sagt leider nichts über seine Qualität oder Reinheit aus.

Ein Stevia-Produkt aus dem Discounter kann z. B. je nach Zusammensetzung einen unerwünschten bitteren Beigeschmack haben. Auch enthalten viele dieser Produkte trotz Stevia-Süße noch konventionelle Süßstoffe oder Zucker in Form von Maltodextrinen, einem Kohlenhydratgemisch. Dies hat zur Folge, dass viele, die mit Stevia süßen möchten, von diesem Geschmack enttäuscht sind und auf herkömmlichen Zucker oder Süßstoffe zurückgreifen.

Hochwertige, saubere Stevia-Produkte mit gutem Geschmack haben natürlich ihren Preis. Da Stevia-Artikel aber so sparsam im Verbrauch sind, lohnt sich der Kauf allemal.

Die Bezugsadresse für Stevia-Produkte, bei denen auf Qualität und Reinheit geachtet wird, finden Sie auf S. 113.

### Heißer Tipp: die Trennkost-Tapas-Party

Essen hat in südlichen Gefilden einen hohen Stellenwert. Es dient nicht nur der Nahrungsaufnahme – der Esstisch ist vielmehr ein Ort der Geselligkeit, des Gesprächs und des Genusses. Familie oder Freunde setzen sich zusammen und lassen sich viel Zeit beim Essen. Genießen auch Sie die kulinarischen Qualitäten der Mittelmeerküche und laden Sie Ihre Freunde doch einmal zu einer mediterranen Trennkost-Antipasti-Tapas-Party ein! Tapas und Antipasti spiegeln die unbeschwerte südeuropäische Lebensart wider, die auch hierzulande immer mehr Feinschmecker in ihren Bann zieht. Diese kleinen Köstlichkeiten, von denen Sie eine bunte Auswahl im Rezeptteil vorfinden, sind meistens in der Zubereitung unkompliziert und können auch von Ungeübten schnell hergestellt werden.

Arrangieren Sie die eiweißreichen Speisen auf der linken Seite des Buffets, auf der rechten Seite die kohlenhydratreichen und platzieren Sie in der Mitte alles, was zu den neutralen Speisen gehört. Reichen Sie beliebig, neben den hier im Buch gebotenen Rezepten, einen gemischten Käseteller, eine Schinken-Salami-Platte, eingelegte Sardellen, Knoblauchgarnelen, Oliven und gegrilltes Gemüse dazu. Zum Trinken darf der gut gekühlte Prosecco oder die spanische Sangria nicht fehlen. Alkoholfrei und ebenso spritzig ist die Pfefferminz-Zitronen-Limonade, die nicht nur Kinder begeistert!

# Kombiplan

## Kohlenhydrathaltig

- **Vollkorngetreide und -erzeugnisse**
  Hafer, Gerste, Hirse, Weizen, Roggen, Vollkornbrot, Vollkornbrötchen, Kuchen und Gebäck aus Vollkornmehl, Vollkornnudeln, Nudeln aus Hartweizengrieß, Naturreis, Kartoffeln
- **Obst**
  Bananen, mürbe Äpfel, frische Feigen, frische Datteln, ungeschwefeltes Trockenobst
- **Süßungsmittel**
  Ahornsirup, Honig, Birnen- und Apfeldicksaft
  Diese Süßungsmittel dürfen in kleinen Mengen auch zum Abschmecken von Eiweißgerichten verwendet werden.
- **Sonstiges**
  Kartoffelstärke, Puddingpulver, Bier

## Neutrale Lebensmittel, Teil 1

**Diese Nahrungsmittel sparsam verwenden!**

- **Fette**
  kalt gepresste Öle, Butter, ungehärtete Margarine und Plattenfette, Soja- und alle gesäuerten und vollfetten Milchprodukte (z. B. Joghurt, saure Sahne, Quark, Buttermilch, Dickmilch, süße Sahne, Kaffeesahne), Crème fraîche, Sojacreme, Tofu
- **Neutraler Käse**
  alle Käsesorten über 60 % Fett i. Tr. und solche, die aus naturbelassener, roher Milch geschöpft und hergestellt werden (z. B. Allgäuer Emmentaler, Appenzeller, Greyerzer, schweizer Raclettekäse, org. Parmesan, Saint Albray)
- **Rohe luftgetrocknete oder rohe geräucherte Wurstwaren**
  Bündner Fleisch, roher Schinken, Lachsschinken, Salami, Debrecziner, Tatar (rohes Fleisch nur ganz frisch verwenden!)
- **Rohe, marinierte oder geräucherte Fischsorten**
  Räucherlachs, Matjeshering, Bismarckhering, Schillerlocken, Forelle, Makrele, Aal, Bückling
- **Nüsse und Samen**
  Haselnüsse, Walnüsse, Mandeln, Kokosnuss, Sonnenblumenkerne, Sesam, Mohn (Erdnüsse bitte meiden, sie sind schwer verdaulich.)

- **Milde Essigsorten**
  Obstessig, Brottrunk, Feigenessig, sehr alter Balsamico, vergorenes Molkekonzentrat (Molkosan)

## Eiweißhaltig

- **Gegarte Fleischsorten**
  Bratenfleisch, Rouladen, Gulasch, Steaks, Hackfleisch, Putenschnitzel, Gans, Ente
- **Gegarte Fischsorten**
  Seelachs, Kabeljau, Lachs, Rotbarsch, Heilbutt, Thunfisch, Forelle
- **Alle Käsesorten, die erhitzt wurden**
  z. B. Edamer, Esrom, Fol Epi, Gouda, Havarti, Tilsiter
- **Eier**
- **Milch aller Fettstufen**
- **Obst**
  Ananas, Aprikosen, frische Äpfel, Birnen, Erdbeeren, Grapefruits, Himbeeren, Johannisbeeren, Kirschen, Kiwis, Mandarinen, Mangos, Litschis, Orangen, Papayas, Pfirsiche, Pflaumen, Zitronen
- **Getränke**
  Obstsäfte, Apfelwein, Weiß-, Rot- und Roséwein, Sekt
- **Sonstiges**
  gekochte Tomaten, Essig

## Neutrale Lebensmittel, Teil 2

**Diese Nahrungsmittel können reichlich verwendet werden!**

- **Gemüse und Salate**
  Auberginen, Artischocken, Avocados, Brokkoli, Blumenkohl, grüne Bohnen, Chicorée, Chinakohl, Eisbergsalat, Endiviensalat, grüne Erbsen, Feldsalat, Fenchel, Gurken, Knoblauch, Kohlrabi, Kopfsalat, Lauch, frischer Mais, Mangold, Melonen, Möhren, Paprikaschoten, Peperoni, Radieschen, Rettich, Rote Bete, Rosenkohl, Rotkohl, Sauerkraut, Sellerie, Spargel, Spinat, rohe Tomaten, Grünkohl, Schwarzwurzel, Topinambur, Weißkohl, Wirsing, Zucchini, Zwiebeln
- **Pilze**
  Austernpilze, Champignons, Pfifferlinge, Steinpilze oder andere Waldpilze
- **Sprossen und Keime**
  Mungobohnenkeimlinge, Alfalfa, Radieschensprossen oder andere Keimlinge
- **Sonstiges**
  Rosinen, Heidelbeeren, Oliven, Hefe, Gemüsebrühe, Eigelb, Gelatine, Agar-Agar, Biobin, Kräuter, Gewürze, Senf, Kräutertees, Stevia

# Mengenplan

Mithilfe dieses Plans brauchen Sie keine Kalorien oder Fette mehr zu zählen. Hier sehen Sie, welche Mengen für die Kategorien Frühstück, Hauptgericht oder Snack für 1 Person angemessen sind. Einfach und schnell, ohne sich kasteien zu müssen, erreichen Sie mit diesem Plan Ihr Wohlfühlgewicht.

Ganz wichtig: Trinken Sie jede Stunde 1 Glas Wasser.

# Snacks

- **200 g frisches Obst der Saison**
- **Rohkost in beliebiger Menge**
- **100 g Obst, dazu 1/8 l Milch**
- **200 g angesäuerte Milchprodukte wie z. B. Kefir, Buttermilch, Trinksauermilch, Joghurt**

# Frühstück

**Sie haben die Wahl zwischen einem Obstfrühstück, einem eiweißreichen und einem kohlenhydratreichen Frühstück.**

## Obst-Frühstück (neutral)

Frisches Obst der Saison in beliebiger Menge. Beispiele: Ananas, Erdbeeren, Himbeeren, Brombeeren, Äpfel, Birnen, Pfirsiche, Aprikosen, Kiwi, Kirschen, Mirabellen, Nektarinen (siehe Kombiplan).

Hinweis: Mischen Sie fruchtsäurehaltige Obstsorten nicht mit Bananen, Feigen oder Datteln.

## Eiweißreiches Frühstück

2 Eier in jeder Form und Zubereitungsart: gefüllte oder gekochte Eier, Omelette, pochierte Eier, Rühr- oder Spiegeleier.
Dazu in beliebiger Menge: Tomaten, Gurken, Paprikaschoten, Radieschen oder ein anderes Gemüse, aber kein Brot.

## Kohlenhydratreiches Frühstück

- **1 Scheibe Vollkornbrot (50 g) oder 1 Vollkornbrötchen oder**
- **3 Scheiben Vollkornknäckebrot; diese dünn mit Butter bestreichen und mit Folgendem belegen bzw. bestreichen:**
- **30 g Wurst (ca. 3 dünne Scheiben) oder**
- **30 g Käse (ca. 1 Scheibe) oder**
- **50 g Quark (ca. 2 EL)**

Dazu in beliebiger Menge: Tomaten, Gurken, Paprikaschoten, Radieschen oder ein anderes Gemüse.

Hinweis: Da es keine hundertprozentige Trennung der Nahrungsmittel gibt, können Sie das Brot mit 30 g Wurst oder Käse belegen. Weitere Ideen für Brotbelag siehe Kombiplan oder Rezeptteil.

- **Müsli**

Hinweis: Getreideflocken oder Müslis nicht mit fruchtsäurehaltigen Obstsorten kombinieren. Auch keine Milch verwenden, da diese in Verbindung mit Kohlenhydraten noch schwerer verdaulich wird. Harmonischer werden Müslis mit kohlenhydratreichen Obstsorten und mit gesäuerten Milchprodukten oder Sahne-Wasser-Gemisch (⅓ Sahne auf ⅔ Wasser) oder Reismilch. Wenn Sie auf Ihren Kaffee oder schwarzen Tee nicht verzichten möchten, verfeinern Sie diesen mit etwas Sahne. Zum Süßen bietet sich Stevia flüssig an.

Wichtig: Kauen Sie jeden Bissen sorgfältig. Kaffee oder Tee ist kein Speichelersatz.

# Mittag- & Abendessen

**Sie haben jeweils die Wahl zwischen einer überwiegend eiweiß- oder kohlenhydratreichen Mahlzeit.**

## Eiweißreiches Hauptgericht

- **150 – 200 g Fleisch oder**
- **150 – 200 g Fisch oder**
- **2 Eier oder**
- **60 g Käse oder 100 g gegarte Wurstsorten**

Essen Sie dazu 400 g Gemüse oder Salat.

## Kohlenhydratreiches Hauptgericht

- **50 g Getreide (roh gewogen) oder**
- **60 g Naturreis (roh gewogen) oder**
- **80 g Vollkornnudeln (roh gewogen) oder**
- **200 g Kartoffeln**

Essen Sie dazu 400 g Gemüse oder Salat.

Bedienen Sie sich zusätzlich des großen Kombiplans (siehe S. 20 – 21). Wählen Sie aus der Kombi-Gruppe Teil 1 (sparsam) und aus der Kombi-Gruppe Teil 2 (reichlich) aus, was Sie mögen.

Hinweis:
Hilfreich sind folgende Faustregeln: Bei einer Eiweißmahlzeit wählen Sie 1 Teil Fleisch, Fisch, Käse oder Eier, dazu 3 bis 4 Teile Gemüse oder Salate.
Bei einer Kohlenhydratmahlzeit wählen Sie 1 Teil Kartoffeln, Naturreis, Getreide oder Nudeln, dazu 3 bis 4 Teile Gemüse oder Salate.

# Schlemmen wie am Mittelmeer – die Rezepte

**Sonne, blauer Himmel und der Duft aromatischer Kräuter – bei diesen Rezepten werden Erinnerungen an den letzten Sommerurlaub wach. Die Gerichte sind einfach zum Nachkochen, schmecken unvergleichlich und wurden natürlich nach dem Trennkostprinzip entwickelt – für unbeschwerten Genuss!**

# Fleischbällchen in Tomatensauce

Albóndigas en salsa de tomate (Spanisch)

## ▶ Eiweiß

Für 2 Personen
gut vorzubereiten ⏲ 20 Min.
1 Zwiebel · 2–3 EL Olivenöl · 4 reife Tomaten · 125 ml Gemüsebrühe · 1 Lorbeerblatt · 2 Knoblauchzehen · 250 g Rinderhackfleisch · Meersalz · Pfeffer · 1 TL getrockneter Thymian · 1–2 TL Paprikapulver · 1–2 EL Tomatenmark · einige Blättchen Basilikum

1. Zwiebel abziehen und würfeln. Einen Esslöffel Olivenöl in einer Kasserolle erhitzen und die Hälfte der Zwiebelwürfel darin bei schwacher Hitze glasig dünsten.
2. Die Tomaten überbrühen, häuten, quer halbieren und entkernen. Die Früchte in kleine Würfel schneiden. Die Tomatenwürfel zu den Zwiebeln geben, die Gemüsebrühe dazugießen und unter Rühren langsam aufkochen lassen. Das Lorbeerblatt einlegen und zugedeckt etwa 20 Minuten köcheln lassen.
3. Für die Fleischbällchen den Knoblauch schälen und sehr fein hacken. Das Hackfleisch in eine Schüssel geben. Knoblauch und die restlichen Zwiebelwürfel mit dem Hackfleisch vermischen. Mit Salz, Pfeffer, Thymian und Paprikapulver würzen.
4. Mit angefeuchteten Händen aus dem Fleischteig walnussgroße Bällchen formen. Das restliche Olivenöl in einer großen Pfanne erhitzen und die Fleischbällchen darin von allen Seiten rundum braun anbraten.
5. Die Tomatensauce mit Salz, Pfeffer, Thymian und Paprikapulver kräftig würzen, das Tomatenmark unterrühren. Die Hackbällchen in die Sauce legen und weitere 5 bis 8 Minuten bei geringer Hitze im offenen Topf gar ziehen lassen. Mit den Basilikumblättchen garniert servieren.

# ANTIPASTI, TAPAS & CO.

## Kalbfleisch in Thunfischsauce

Vitello tonnato (Italienisch)

▶ **Eiweiß**

Für 6 Personen
gut vorzubereiten ⏲ 35 Min. + 40 Min. Bratzeit + 8 Std. Zeit zum Abkühlen
500 g Kalbfleisch aus der Nuss · Pfeffer · Meersalz · 1–2 EL Olivenöl · 2 Dosen Thunfisch im eigenen Saft à 150 g · 4 Sardellenfilets · 1 EL Zitronensaft · 1–2 EL Kapern · 3–4 EL Mayonnaise · einige Kapern zum Garnieren

1. Das Kalbfleisch mit Küchengarn rundum verschnüren, mit Pfeffer und Salz würzen. Das Öl in einer Pfanne erhitzen und das Fleisch darin von allen Seiten kräftig anbraten.
2. Das Fleisch in eine feuerfeste Form geben und im Backofen bei 160 °C etwa 35 bis 40 Minuten braten. Zwischendurch mit etwas Wasser begießen. Anschließend das heiße Fleisch in Alufolie wickeln. Über Nacht erkalten lassen.
3. Den Thunfisch in ein Sieb geben, die Brühe dabei auffangen. Die Sardellenfilets säubern und grob hacken. Thunfisch, Sardellenfilets, Zitronensaft, Kapern und Mayonnaise mit dem Schneidstab pürieren. Nach Belieben etwas Thunfischbrühe unter die Sauce rühren.
4. Das Fleisch aus der Folie nehmen, das Küchengarn entfernen und mit der Aufschnittmaschine oder einem scharfen Messer in dünne Scheiben schneiden. Diese auf einer Platte anrichten und mit der Sauce überziehen. Mit einigen Kapern garniert servieren.

## Mariniertes Rinderfilet

Carpaccio di filetto di manzo (Italienisch)

▶ **Neutral**

Für 2 Personen
gut vorzubereiten ⏲ 20 Min.
400 g Rinderfilet · 2 Champignons · 2 TL Obstessig · 2 EL Olivenöl · 50 g Parmesankäse am Stück · Meersalz · frischer Pfeffer aus der Mühle

1. Das Fleisch von allen Sehnen und Häuten befreien und für etwa 1 Stunde im Gefrierschrank einfrieren. In der Zwischenzeit die Champignons feinblättrig aufschneiden und mit dem Obstessig zart beträufeln.
2. Vier Teller mit etwas Olivenöl einpinseln. Das Filet aus dem Gefrierschrank nehmen und hauchdünn aufschneiden. Die Scheiben leicht überlappend kreisförmig auf den Tellern anrichten.
3. Die Champignons darauf verteilen, dann den Parmesankäse grob darüberreiben. Mit Salz und frischem Pfeffer aus der Mühle leicht würzen. Mit dem restlichen Olivenöl beträufeln. Das Carpaccio mit frischem oder geröstetem Mehrkornbrot sofort servieren.

**Tipp**

Das Fleisch darf nicht steinhart gefroren sein, sodass es noch mit der Aufschnittmaschine oder einem scharfen Messer hauchdünn aufgeschnitten werden kann.

## Gebeizter Lachs

Salmón macerado (Spanisch)

### ▶ Ohne Brot neutral

Für 4 Personen
gut vorzubereiten ⏲ 15 Min. + 48 Std. Zeit zum Beizen

3–4 EL Meersalz · 1 EL Stevia GrooVia oder 1 EL Honig · 1 TL gestoßene Pfefferkörner · 5 Wacholderbeeren · 1 EL getrockneter Thymian · 1 kleines Bund Dill · 1 kleine Orange, naturrein · 1 Lachsfilet, ca. 750 g · 1 EL Olivenöl · 16–20 schwarze Oliven

1. Das Salz mit Stevia oder Honig und den Gewürzen mischen. Den Dill waschen, trocken schütteln und grob hacken. Die Orange heiß abwaschen und in dünne Scheiben schneiden.
2. Den Fisch entgräten, kalt abbrausen und mit Küchenpapier trocken tupfen. Den Lachs mit der Gewürzmischung einreiben, mit den Orangenscheiben belegen und mit dem Dill bedecken. Dann das Fischfilet fest in Alufolie wickeln, mit einem Holzbrett beschweren und im Kühlschrank etwa 24 Stunden beizen.
3. Das Filet mit dem Öl beträufeln und eingepackt weitere 24 Stunden reifen lassen. Den Lachs aus der Folie nehmen, mit Küchenpapier säubern und trocknen.
4. Den Fisch in mundgerechte Würfel schneiden und zusammen mit Weißbrotscheiben und Oliven servieren.

Tipp
Den hausgebeizten Lachs können Sie auch in hauchdünne Scheibchen schneiden und einen frischen Salat damit garnieren.

## Pikantes Pilzomelett

Frittata di funghi piccante (Italienisch)

### ▶ Eiweiß

Für 2 Personen
gut vorzubereiten ⏲ 20 Min.

200 g Pilze, z. B. Champignons oder Austernpilze · 1 kleines Stück Chilischote · 100 g Mozzarella · 6 Kirschtomaten · 1 kleines Bund Rucola · 1 EL Olivenöl · 4 große Eier · Pfeffer · Meersalz · 8 schwarze Oliven ohne Stein

1. Die Pilze putzen und in kleine Stücke schneiden. Den Chili fein hacken, den Mozzarella in Scheiben schneiden. Die Tomaten waschen und halbieren. Den Rucola waschen, trocken schütteln und grob zerkleinern.
2. Das Öl in einer beschichteten Pfanne (20 Zentimeter ⌀) erhitzen. Pilze und Chili darin unter Rühren bei mittlerer Hitze einige Minuten braten.
3. Die Eier verquirlen und mit Pfeffer und Salz würzen. Käse, Tomaten und die Oliven dazugeben. Alles über die Pilze gießen und die Eimasse zugedeckt bei schwacher Hitze in 15 bis 18 Minuten stocken lassen. Zwischendurch die Pfanne hin und her rütteln, damit nichts anbackt.
4. Die Frittata mithilfe eines Schneidebretts wenden und zugedeckt weitere 2 bis 3 Minuten garen. Mit dem Rucola bestreut warm oder kalt servieren.

## Thunfisch mit Tomate auf Blattsalat

Atún con tomate en hojas de lechuga (Spanisch)

▶ **Eiweiß**

Für 2 Personen
gut vorzubereiten ⏲ 20 Min.
1 kleine Zwiebel · 1 Knoblauchzehe · 2 TL Kapern aus dem Glas · 1 Tomate · 200 g Thunfisch aus der Dose, naturell · 1 EL Mayonnaise · 125 g Joghurt · 1 Msp. Chili · Meersalz · einige Salatblätter · 2 Zweige Petersilie · 10 schwarze Oliven ohne Stein

1. Die Zwiebel und die Knoblauchzehe schälen und beides fein hacken. Die Kapern fein würfeln. Die Tomate waschen, vom Stielansatz befreien, vierteln, entkernen und in feine Würfel schneiden.

2. Den Saft vom Thunfisch abgießen und den Fisch mit einer Gabel grob zerdrücken. Die Mayonnaise mit dem Joghurt cremig verrühren. Zwiebel, Knoblauch, Kapern und Tomatenwürfel in die Sauce rühren, mit Chili und Salz fein abschmecken. Den Thunfisch untermischen.

3. Die Salatblätter putzen, waschen, abtropfen lassen und auf einem Teller ausbreiten. Den marinierten Thunfisch darauf anrichten. Mit Petersilie und Oliven garniert servieren.

## Marinierter Fenchel mit Blauschimmelkäse

Hinojo marinado con queso azul (Spanisch)

▶ **Eiweiß**

Für 2 Personen
gut vorzubereiten ⏲ 20 Min.
1 Fenchelknolle · etwas Fenchelgrün · 1 große Orange · 1 Frühlingszwiebel · 1 Stück Ingwer, haselnussgroß · 125 g Joghurt · 50 ml Orangensaft, frisch gepresst · 1 Msp. Chili · Meersalz · 3 Feigen · 80 g Blauschimmelkäse oder Ricotta

1. Den Fenchel putzen und in sehr feine Streifen schneiden. Das Fenchelgrün hacken und für das Dressing beiseitelegen. Die Orange schälen und das Fruchtfleisch klein würfeln. Die Zwiebel abziehen und in dünne Ringe schneiden. Den Ingwer schälen und fein hacken.

2. Für das Dressing den Joghurt mit dem Orangensaft, dem Ingwer, Chili, Salz und Fenchelgrün miteinander verrühren.

3. Fenchelstreifen, Orangenwürfel und Zwiebelringe mischen, auf einer Platte anrichten und mit dem Dressing begießen.

4. Kurz vor dem Servieren die Feigen vierteln und häuten. Den Käse leicht zerkrümeln und zusammen mit den Feigen auf dem marinierten Fenchel verteilen.

▶ Marinierter Fenchel mit Blauschimmelkäse

# Knusprige Brotwürfel mit Kräutern

Migas con hierbas (Spanisch)

▶ **Kohlenhydrate**

Für 2 Personen
gut vorzubereiten
15 Min.
+ 1 Std. Einweichzeit

200 g altes hartes Weißbrot
Meersalz
4 milde rote Chilischoten
2 Knoblauchzehen
je 1 kleiner Zweig Rosmarin und Thymian
2–3 EL Olivenöl
14 Salbeiblättchen

1. Das Brot in kleine Würfel schneiden, in eine Schüssel geben und mit etwas leicht gesalzenem Wasser beträufeln. Die Würfel gut durchmischen und für etwa 1 Stunde ziehen lassen.

2. In der Zwischenzeit die Chilischoten der Länge nach aufschneiden, waschen, dabei die kleinen Kerne entfernen. Den Knoblauch schälen und in Scheiben schneiden. Rosmarin und Thymian säubern und fein hacken.

3. Das Öl in einer Pfanne erhitzen. Die Salbeiblättchen darin frittieren, dann aus der Pfanne nehmen und beiseitestellen.

4. Die Knoblauchscheiben und Brotwürfel ins heiße Öl geben und unter Rühren knusprig braten. Mit dem Rosmarin und Thymian würzen. Die gerösteten Brotwürfel zusammen mit den Chilischoten und den frittierten Salbeiblättchen servieren.

## Garnelentortilla

Tortilla de gambas (Spanisch)

▶ **Eiweiß**

Für 2 Personen
gut vorzubereiten ⏲ 20 Min.
100 g gegarte Garnelen · 2 EL Zitronensaft · 1 Frühlingszwiebel · 1 EL Olivenöl · 4 große Eier · 2 EL Mineralwasser · Pfeffer · Meersalz · 12 Kirschtomaten

1. Die Garnelen säubern, dann mit dem Zitronensaft beträufeln. Die Frühlingszwiebel putzen und waschen. Das Grün in feine Röllchen, das Weiße in kleine Würfel schneiden.

2. Das Öl in einer Pfanne erhitzen. Die weißen Zwiebelwürfel darin unter Rühren anbraten. Die Garnelen dazugeben und kurz darin schwenken.

3. Die Eier in einer Schüssel verquirlen. Mineralwasser, Pfeffer und Salz dazugeben und mit einer Gabel kräftig aufschlagen. Die Eier über die Garnelen gießen und zugedeckt bei schwacher Hitze 8 bis 10 Minuten stocken lassen. Zwischendurch die Pfanne mehrmals kurz rütteln, damit nichts anbackt.

4. Die Tomaten waschen und halbieren. Die Tortilla auf einen Teller geben und in 4 Stücke schneiden. Mit den Zwiebelröllchen bestreuen und zusammen mit den aufgeschnittenen Tomaten servieren.

## Brot mit Tomate

Pan con tomate (Spanisch)

▶ **Kohlenhydrate**

Für 2 Personen
geht schnell ⏲ 5 Min.
2 Scheiben Bauernbrot · 2 vollreife Tomaten · einige Tropfen Olivenöl · Meersalz

1. Das Brot im Toaster oder Backofen knusprig rösten.

2. Die Tomaten waschen, halbieren und mit der Schnittfläche kräftig in die Brotscheiben hineinreiben, bis alles Fruchtfleisch verrieben und nur die Tomatenschalen übrig sind. Die Scheiben mit etwas Olivenöl beträufeln und leicht salzen. Die Tomatenbrote sofort servieren.

*Tipp*

**Die Tomatenbrote können auch mit rohem Schinken, geriebenem Manchego-Käse oder mit eingelegten kleinen Sardellen serviert werden.**

## Geröstetes Brot mit Tomate

Bruschetta (Italienisch)

▶ Kohlenhydrate

Für 2 Personen
gut vorzubereiten ⏲ 15 Min.
2 Tomaten · 1 kleine Zwiebel · 2 Knoblauchzehen · 12 Basilikumblättchen · Pfeffer · Meersalz · 2 Scheiben Vollkornbrot · 2–3 EL Olivenöl

1. Die Tomaten waschen, vierteln, vom Stielansatz befreien, entkernen und fein würfeln. Zwiebel und Knoblauch abziehen und beides fein hacken. Basilikum waschen, trocken schütteln und in feine Streifen schneiden.

2. Die Tomatenwürfel mit Zwiebel, Knoblauch und Basilikum mischen und alles mit Pfeffer und Salz würzen.

3. Die Brote von beiden Seiten dünn mit Öl beträufeln und in einer Pfanne von beiden Seiten goldbraun rösten. Die Tomatenmischung auf den Brotscheiben verteilen und servieren.

Tipp
Schneiden Sie die Zwiebel immer erst kurz vor der Verwendung in kleine Würfel auf, damit die wertvollen ätherischen Öle nicht verduften. Frische Zwiebeln wirken entzündungshemmend, blutdrucksenkend und verbessern die Fließfähigkeit des Blutes.

## Geröstete Paprikaschoten

Pimientos asados (Spanisch)

▶ Neutral

Für 2 Personen
gut vorzubereiten ⏲ 20 Min. + 20 Min. Grillzeit
2 rote Paprikaschoten · 1 EL Olivenöl · 2–3 Knoblauchzehen · Meersalz · 1–2 TL getrockneter Thymian · 125 ml Olivenöl

1. Den Backofen auf 200 °C vorheizen. Die Paprikaschoten waschen, abtrocknen und rundherum mit dem Öl bestreichen. Die Schoten auf ein mit Alufolie ausgelegtes Backblech legen und im Backofen etwa 15 bis 20 Minuten grillen.

2. Die Paprikaschoten aus dem Ofen nehmen, kurz abkühlen lassen, dann die Haut abziehen. Die Früchte halbieren, Trennwände und Kerne entfernen.

3. Zum Marinieren die Paprikahälften in breite Streifen schneiden und in eine flache Schale legen. Die Knoblauchzehen abziehen, in Scheiben schneiden und auf den Paprikastreifen verteilen. Das Gemüse mit Salz und Thymian würzen, dann das Öl darübergießen. Mit Frischhaltefolie abdecken und etwa 1 Stunde ziehen lassen.

## Pizzabrot

Pizza pane (Italienisch)

### ▶ Kohlenhydrate

**Für 2 Personen**
**gut vorzubereiten** ⏲ **15 Min.**
1 grüne Paprikaschote · 1 rote Zwiebel · 10 schwarze Oliven ohne Stein · 1 EL Öl · Pfeffer · Meersalz · 1 TL getrockneter Oregano · 150 g Mozzarella · 2 Scheiben Vollkornbrot

1. Die Paprikaschote waschen, halbieren, das Kerngehäuse entfernen und das Fruchtfleisch in schmale Streifen schneiden. Die Zwiebel schälen und in dünne Ringe schneiden. Die Oliven halbieren.

2. Das Öl in einer Pfanne erhitzen. Paprika, Zwiebel und Oliven darin etwa 5 Minuten braten, bis der Gemüsesaft weitgehend verdunstet ist. Das Gemüse mit Pfeffer, Salz und Oregano würzen. Den Backofen auf 175 °C vorheizen.

3. Den Käse in kleine Würfel schneiden. Die Brote toasten, dann mit dem Gemüse und Käse belegen. Im Backofen etwa 8 bis 10 Minuten überbacken, bis der Käse leicht gebräunt ist. Die Pizzabrote heiß servieren.

## Mariniertes Gemüse mit Oliven

Antipasti e olive (Italienisch)

### ▶ Neutral

**Für 2 Personen**
**gut vorzubereiten** ⏲ **25 Min.**
1 Aubergine · 2 kleine Zucchini · Meersalz · 5–6 EL Olivenöl · 1–2 Knoblauchzehen · 2 EL alter Balsamicoessig · Pfeffer · 2 TL getrockneter Thymian · 12 schwarze Oliven

1. Aubergine und Zucchini waschen und putzen. Das Gemüse der Länge nach in 1 Zentimeter dicke Scheiben schneiden. Die Auberginenscheiben mit Salz bestreuen, 10 Minuten ziehen lassen, danach mit Küchenkrepp trocken tupfen.

2. Die Auberginen- und Zucchinischeiben mit einem Pinsel von beiden Seiten mit dem Öl bestreichen. Das Gemüse nacheinander in einer großen Pfanne bei mittlerer Hitze braten. Die Scheiben abkühlen lassen und auf einer Salatplatte anrichten.

3. Den Knoblauch abziehen und sehr fein hacken. Den Essig mit 1 Esslöffel Wasser vermischen, mit dem Knoblauch, Pfeffer, Salz und Thymian verrühren. Das Gemüse mit der Marinade beträufeln. Zusammen mit den Oliven servieren.

## Basilikumsauce

Sauce au basilic (Französisch)

### ▶ Neutral

Für 4 Portionen
gut vorzubereiten ⏲ 15 Min. + 1 Std. Kühlzeit
1 kleines Bund Basilikum · 1–2 Knoblauchzehen · 200 g Joghurt · 250 g Quark (20% Fett i. Tr.) · 2 EL Crème fraîche · Pfeffer · Meersalz

1. Die Basilikumblättchen von den Stielen abzupfen, waschen und trocken schütteln. Die Blättchen mit einem scharfen Küchenmesser in feine Streifen schneiden. Einige Blättchen für die Garnitur beiseitelegen.

2. Die Knoblauchzehen abziehen, sehr fein hacken oder durch eine Presse drücken. Den Joghurt mit dem Quark und der Crème fraîche verrühren. Die gehackten Basilikumblättchen und den gepressten Knoblauch unterziehen.

3. Die Sauce mit Pfeffer und Salz würzen und in eine Glasschale umfüllen. Mit den restlichen Basilikumblättchen garnieren. Gut gekühlt servieren.

Tipp

**Die Basilikumsauce passt gut zu Kartoffeln, zu Brot oder zu Fleisch und Fisch. Sie können sie auch als Dip zu Rohkost oder Salatblättern servieren.**

# SAUCEN, DIPS & PESTO

## Aioli – das Original

Aioli, el original (Spanisch)

▶ Neutral

Für 8 Portionen
gut vorzubereiten ⏲ 25 Min.
5–6 Knoblauchzehen · ½ TL Meersalz · 200 ml Olivenöl · einige Tropfen Zitronensaft

1. Den Knoblauch schälen und in kleine Stücke schneiden. Zusammen mit dem Salz in einem Mörser zu einer dicken Paste zerstampfen.
2. Das Olivenöl anfangs tropfenweise dazugeben, dann in einem dünnen Strahl unter ständigem Rühren einarbeiten, bis eine dickliche Sauce entsteht.
3. Die Sauce nach Belieben mit einigen Tropfen Zitronensaft abschmecken.

▶ Das passt dazu
Brot, Kartoffeln oder gebratener Fisch

## Petersilien-Knoblauch-Sauce

Sauce ail et persil (Französisch)

▶ Eiweiß

Für 8 Portionen
gut vorzubereiten ⏲ 15 Min.
2–3 Knoblauchzehen · 1 kleines Bund Petersilie · 250 ml Olivenöl · 2–3 EL Zitronensaft · Pfeffer · Meersalz

1. Den Knoblauch abziehen und durch eine Presse drücken. Die Petersilie waschen, trocken schütteln und sehr fein hacken.
2. Das Öl in eine Schüssel geben und mit dem Zitronensaft kräftig verschlagen. Den Knoblauch und die Petersilie unterrühren. Die Sauce mit Pfeffer und Salz abschmecken.

▶ Das passt dazu
Frische Blattsalate und gegrillter Fisch

## Kalte Tomatensauce

Salsetta rossa (Italienisch)

▶ Neutral

Für 8 Portionen
gut vorzubereiten ⏲ 25 Min.
+ 3 Std. Zeit zum Durchziehen
500 g Pflaumentomaten · 1 kleine Knoblauchzehe · 40 g schwarze Oliven ohne Stein · 1 Sardelle · 10–12 frische Basilikumblättchen · 40 ml Olivenöl, extra vergine · Meersalz · frisch gemahlener Pfeffer

1. Die Tomaten überbrühen, häuten und grob würfeln. Die Stücke in ein Sieb geben und abtropfen lassen.
2. Den Knoblauch abziehen und hacken. Die Oliven in dünne Scheiben schneiden. Von der Sardelle die Gräten entfernen, dann den Fisch mit einer Gabel zerdrücken. Die Basilikumblättchen waschen und fein hacken.
3. Tomatenstücke, Knoblauch, Olivenscheiben und Sardellenstücke mit dem Öl vermischen. Mit Salz und Pfeffer würzen, Basilikumblättchen darüberstreuen. Die Sauce etwa 2 bis 3 Stunden durchziehen lassen.

## Sesampesto

Pesto di sesame (Italienisch)

### ▶ Neutral

Für 8 Portionen
gut vorzubereiten ⏲ 15 Min.
1 EL heller Sesam · 4 EL Pinienkerne · Meersalz · 1 kleines Bund Basilikum · 3 Knoblauchzehen · 150 ml Sesamöl · 50 g geriebener Parmesankäse

1. Sesam und Pinienkerne in einer Pfanne ohne Fett zugedeckt kurz rösten, dann zusammen mit dem Salz in einem Mörser zerstampfen.

2. Die Basilikumblättchen abzupfen und waschen, den Knoblauch schälen.

3. Das Öl mit dem Käse, Basilikum und Knoblauch im Mixer pürieren. Den zerstoßenen Sesam und die Pinienkerne unterrühren. Die Sauce zu Nudeln oder gebratenem Gemüse reichen.

Tipp
Kühl aufbewahrt, in einem Schraubglas und mit einer dünnen Schicht Olivenöl bedeckt, hält sich das Pesto mehrere Wochen frisch.

## Pesto – das Original

Pesto alla Genovese (Italienisch)

### ▶ Neutral

Für 8 Portionen
gut vorzubereiten ⏲ 15 Min.
40 g Parmesankäse · 25 g Pecorino · 3–4 EL Pinienkerne · 1 Bund frische Basilikumblätter · 3 Knoblauchzehen · 125 ml Olivenöl · Pfeffer · Meersalz · 30 g flüssige Butter

1. Die beiden Käsesorten fein reiben. Die Pinienkerne in einer Pfanne ohne Fett kurz rösten. Die Basilikumblätter grob zerkleinern, den Knoblauch abziehen.

2. Pinienkerne, Basilikum und Knoblauch zusammen mit dem Öl, Pfeffer und Salz im Mixer fein pürieren.

3. Die Sauce in eine Schüssel geben. Den geriebenen Käse und die flüssige Butter unterziehen. Die Sauce zu Nudeln oder gebratenem Gemüse reichen.

Tipp
Pesto wird in südländischen Regionen auch gerne zu Gemüsesuppen oder Eintöpfen gereicht.

## Paprikasauce

Salsa de pimienta (Spanisch)

### ▶ Neutral

Für 500 ml Sauce
gut vorzubereiten ⏲ 30 Min.
600 g rote Paprikaschoten · 1 Zwiebel · 2 EL Olivenöl · 80 ml Gemüsebrühe · Meersalz · 1 Msp. Chili

1. Die Paprikaschoten halbieren und putzen. Die Schoten auf ein mit Alufolie ausgelegtes Backblech legen und im Backofen bei 200 °C etwa 12 bis 15 Minuten grillen.

2. Das Gemüse aus dem Ofen nehmen, die Haut abziehen und die Schoten in Stücke schneiden. Die Zwiebel abziehen, würfeln und in einem Topf mit dem Olivenöl bei schwacher Hitze glasig dünsten.

3. Paprikastücke dazugeben und unter Rühren schmoren lassen. Die Brühe dazugießen und einmal aufkochen lassen. Die Sauce mit Salz und Chili würzen und mit dem Schneidstab fein pürieren.

## Fischfond

Caldo de pescado (Spanisch)

▶ **Eiweiß**

Für 2 Liter
gut vorzubereiten ⏲ 15 Min.
+ 20 Min. Kochzeit

1 Suppengrün · 500 g Fischabschnitte · 2 l Gemüsebrühe · 1 Lorbeerblatt · je 5 Wacholder-, Pfeffer- und Pimentkörner

1. Das Suppengrün putzen und grob zerkleinern. Die Fischabschnitte kurz mit kaltem Wasser abbrausen, in einen Suppentopf geben und die Gemüsebrühe angießen.

2. Die Gewürze hinzufügen. Zugedeckt bei schwacher Hitze 20 Minuten köcheln lassen. Alles durch ein Haarsieb geben, die Brühe dabei auffangen. Den Fischfond beliebig portionsweise einfrieren.

Tipp

Fischfond eignet sich sehr gut für die Zubereitung von Fischsuppen und Saucen zu gegrillten Meeresfrüchten.

## Braune Sauce

Sauce brun (Französisch)

▶ **Kohlenhydrate**

Für 800 ml Sauce
gut vorzubereiten ⏲ 15 Min.
+ 30 Min. Kochzeit

1 Zwiebel · 1 Möhre · 80 g Knollensellerie · 150 g Champignons · 1 EL Butter · 1 gehäufter EL Mehl · 400 ml Gemüsebrühe · 1 Lorbeerblatt · 2 Zweige Thymian · 2 EL Sahne · Pfeffer · Meersalz · 2 EL gehackte Petersilie

1. Zwiebel abziehen, Möhre und Sellerie schälen, die Pilze putzen. Alles in kleine Würfel schneiden und in einem Topf mit der Butter unter Rühren braun braten.

2. Das Gemüse mit dem Mehl bestäuben, die Brühe nach und nach dazugießen. Lorbeerblatt und Thymian dazugeben und zugedeckt etwa 20 Minuten köcheln lassen.

3. Lorbeerblatt und Thymian entfernen und die Sauce mit dem Schneidstab pürieren. Sahne unterrühren, mit Pfeffer und Salz abschmecken und mit der Petersilie zu Kartoffeln, Nudeln, Reis oder Bratlingen servieren.

## Kräuterquark

Fromage blanc aux herbes (Französisch)

▶ **Neutral**

Für 4 Portionen
gut vorzubereiten ⏲ 15 Min.
+ 1 Std. Zeit zum Durchziehen

1–2 Schalotten · 1–2 Knoblauchzehen · 1 kleines Bund frische Kräuter, z. B. Petersilie, Kerbel, Estragon · einige Schnittlauchhalme · 500 g Quark (20 % Fett i. Tr.) · Pfeffer · Meersalz · 2 EL Crème fraîche

1. Schalotten und Knoblauch abziehen, beides fein würfeln. Die Kräuter waschen und fein hacken. Den Schnittlauch in feine Röllchen schneiden. Etwas Petersilie beiseitelegen.

2. Den Quark mit 2 Esslöffeln Wasser cremig verrühren. Schalotten, Knoblauch und Kräuter unterrühren. Den Kräuterquark mit Pfeffer und Salz kräftig abschmecken.

3. Die Crème fraîche mit einer Gabel cremig aufschlagen und ebenfalls dazugeben. Den Kräuterquark 1 Stunde im Kühlschrank durchziehen lassen. Mit Petersilie garniert servieren.

# Kapernsauce

Salsa di capperi (Italienisch)

▶ **Eiweiß**

Für 4 Portionen
geht schnell ⏲ 10 Min.

80 g Kapern aus dem Glas
2 EL Olivenöl
2 EL Zitronensaft
4 Zitronenachtel

1. Die Kapern durch ein Sieb abgießen, dabei die salzige Einlegeflüssigkeit in einer Schüssel auffangen.

2. 50 Milliliter der Einlegeflüssigkeit mit 5 Esslöffeln Wasser verdünnen. Das Öl und den Zitronensaft kräftig unterrühren. Die Kapern dazugeben. Die Sauce mit den Zitronenachteln garniert servieren.

Tipp

**Kapernsauce schmeckt besonders gut zu Fisch im Salzteig. Traditionell wird diese Sauce auch zu Lammgerichten gereicht.**

## Gemüseeintopf mit Rindfleisch

Sopes mallorquines (Spanisch)

▶ **Eiweiß**

Für 4 Personen
gut vorzubereiten ⏲ 20 Min. + 2½ Std. Kochzeit

600 g Rindfleisch zum Kochen · Meersalz · 1 Lorbeerblatt · 1 große Zwiebel · 2–3 Knoblauchzehen · ¼ Weißkohl · 200 g grüne Bohnen · ½ kleiner Blumenkohl · 3 Artischocken · 4 Tomaten · 2 EL Olivenöl · 1 TL Paprikapulver, edelsüß · Pfeffer · ½ kleines Bund Petersilie

1. Das Fleisch kurz waschen und in grobe Würfel schneiden. Die Fleischwürfel in einen Topf geben, mit Wasser bedecken und zum Kochen bringen. Mit dem Salz und dem Lorbeerblatt würzen und zugedeckt etwa 1½ bis 2 Stunden köcheln lassen. Anschließend das Fleisch aus dem Topf nehmen und beiseitestellen.
2. In der Zwischenzeit die Zwiebel und den Knoblauch abziehen und in kleine Würfel schneiden. Den Weißkohl waschen und in feine Streifen schneiden. Die grünen Bohnen putzen und in 3 Zentimeter lange Stücke schneiden. Den Blumenkohl putzen und die Röschen zerteilen. Von den Artischocken das Heu entfernen und den Boden in grobe Stücke teilen. Die Tomaten überbrühen, häuten und grob würfeln.
3. In einer Kasserolle das Öl erhitzen. Zwiebel und Knoblauch dazugeben und unter Rühren anbraten. Das restliche Gemüse und die Tomaten hinzufügen. Mit dem Paprikapulver würzen. Das Gemüse mit der Fleischbrühe ablöschen und unter Rühren aufkochen lassen. Das Fleisch dazugeben und bei geringer Hitze offen kochen, bis das Gemüse gar ist. Mit Pfeffer und Salz abschmecken. Die Petersilie waschen und hacken. Vor dem Servieren über den Eintopf geben.

# SUPPEN

## Muschelsuppe in Tomatensud

Sopa de mejillones al tomate (Spanisch)

### ▶ Eiweiß

Für 4 Personen
gut vorzubereiten ⏱ 20 Min.
1 kg Miesmuscheln · 125 ml trockener Weißwein · 1–2 EL Gemüsebrühe, instant · 1 Zwiebel · 2–3 Knoblauchzehen · 4 Tomaten, ca. 500 g · 1 EL Olivenöl · 2 EL Tomatenmark · 2 TL getrockneter Thymian · 2 TL fein gehackter Rosmarin · 1–2 Msp. Cayennepfeffer · 4 EL gehackte Petersilie

1. Die Muscheln unter fließendem Wasser sorgfältig säubern. Alle angeschlagenen und offenen Muscheln aussortieren, die übrigen in einen Topf geben, mit Wasser bedecken. Den Wein dazugießen, mit Brühe würzen und alles zugedeckt zum Kochen bringen. Die Muscheln bei kleiner Hitze 2 bis 3 Minuten ziehen lassen, bis sie offen sind. Muscheln durch ein Sieb geben, die Brühe auffangen. Alle geschlossenen Muscheln aussortieren.

2. Zwiebel und Knoblauch abziehen und in kleine Würfel hacken. Die Tomaten überbrühen, häuten, entkernen und in kleine Stücke schneiden.

3. Zwiebel- und Knoblauchwürfel in einem Topf mit dem Olivenöl glasig dünsten. Tomatenstücke und -mark dazugeben und alles gut durchschmoren lassen. 600 Milliliter der Brühe angießen und mit den Kräutern und Cayennepfeffer würzen, dann alles pürieren. Die Muscheln in Suppenteller verteilen und den Tomatensud darübergeben. Mit Petersilie bestreut servieren.

## Zucchinisuppe mit Knoblauchbaguette

Sopa de calabacín con baguette y ajo (Spanisch)

### ▶ Kohlenhydrate

Für 2 Personen
gut vorzubereiten ⏱ 20 Min.
400 g Zucchini · 2–3 Knoblauchzehen · 3 EL weiche Butter · 1 kleines Vollkornbaguette · 2 TL Gemüsebrühe · Pfeffer · 2 EL Sahne

1. Zucchini waschen, Blüten- und Stielansätze entfernen und die Früchte grob in Würfel schneiden. Das Gemüse in einen Topf geben, mit Wasser bedecken und zugedeckt 8 bis 10 Minuten köcheln lassen.

2. Den Knoblauch schälen, durch eine Presse geben und mit der weichen Butter vermischen.

3. Das Baguette halbieren, quer aufschneiden und gleichmäßig mit der Knoblauchbutter bestreichen. Unter dem Grill 6 bis 8 Minuten rösten.

4. Die Suppe mit der Gemüsebrühe und Pfeffer würzen, dann alles mit dem Schneidstab fein pürieren. Die Sahne unterziehen. Die Suppe zusammen mit den Baguettestücken servieren.

## Kerbelsüppchen

Zuppa di cerfoglio (Italienisch)

### ▶ Neutral

Für 2 Personen
gut vorzubereiten ⏲ 20 Min.
1 kleine Stange Lauch · 2 TL Butter · 500 ml Gemüsebrühe · 2 EL Sahne · 1 kleines Bund Kerbel · Pfeffer · Meersalz

1. Den Lauch putzen, längs vierteln und gründlich waschen. Das Gemüse in kleine Stücke schneiden.
2. Die Butter in einem Topf schmelzen lassen und den Lauch darin unter Rühren kurz anbraten. Mit der Gemüsebrühe löschen und zugedeckt 8 bis 10 Minuten köcheln lassen. Anschließend die Suppe vom Herd nehmen und die Sahne unterrühren.
3. Den Kerbel waschen, trocken schütteln und die Blättchen von den Stielen zupfen. Die Kerbelblättchen zur Suppe geben und alles mit dem Schneidstab pürieren. Mit Pfeffer und Salz abschmecken und die Suppe heiß servieren.

## Kalte Gemüsesuppe

Gazpacho (Spanisch)

### ▶ Kohlenhydrate

Für 2 Personen
gut vorzubereiten ⏲ 25 Min. + 3 Std. Kühlzeit
100 g entrindetes Weizenbrot · 400 g reife Fleischtomaten · 1 Zwiebel · 2 Knoblauchzehen · ½ Salatgurke · 1 rote Paprikaschote · 2 EL Olivenöl · 1–2 EL Obstessig · Meersalz · ½ TL Sambal Oelek

1. Das Brot in kleine Würfel schneiden, in warmem Wasser einweichen und ausdrücken.
2. Die Tomaten überbrühen, häuten, quer halbieren, entkernen und die Stielansätze entfernen. Die Früchte in grobe Stücke schneiden. Zwiebel und Knoblauch schälen und grob hacken. Die Gurke schälen, halbieren, die Kerne mit einem Löffel herausschaben und das Fruchtfleisch in Würfel schneiden. Die Paprikaschote waschen, putzen und würfeln.
3. Alle Zutaten mit dem Öl, Essig, Salz, Sambal Oelek mit dem Schneidstab pürieren. Die Gazpacho für 2 bis 3 Stunden im Kühlschrank kalt stellen. Kurz vor dem Servieren mit etwas eiskaltem Wasser verdünnen.

**Tipp**

Servieren Sie die Gazpacho mit knusprig gebratenen Brotwürfeln, Paprikastückchen, feinen Zwiebelwürfeln und gehackten schwarzen Oliven.

## Sauerampfersuppe

Soupe à l'oseille (Französisch)

### ▶ Neutral

Für 2 Personen
gut vorzubereiten ⏲ 20 Min.
2 Frühlingszwiebeln · 1 EL Butter · 500 ml Gemüsebrühe · 1 Bund Sauerampfer · 4 EL Sahne · Pfeffer · Kräutersalz

1. Die Frühlingszwiebeln putzen, waschen und in kleine Würfel schneiden. Etwas Zwiebelgrün hacken und beiseitelegen.
2. Die Butter in einem Topf erhitzen und die Zwiebelwürfel darin glasig dünsten. Die Brühe dazugießen und einmal aufkochen lassen.
3. Den Sauerampfer waschen, trocken schütteln und in ein hohes Gefäß geben. Etwas heiße Suppe dazuschütten, die Sahne hinzufügen und alles mit dem Schneidstab fein pürieren.
4. Den pürierten Sauerampfer in die Suppe geben. Die Suppe mit Pfeffer und Salz abschmecken, mit dem Zwiebelgrün bestreut servieren.

## Ingwer-Pastinaken-Suppe mit Orange

Sopa de chirivia con jengibre y naranja (Spanisch)

### ▶ Eiweiß

Für 4 Personen
gut vorzubereiten ⏲ 20 Min.
2 Frühlingszwiebeln · 1 Knoblauchzehe · 1 Stück Ingwer, walnussgroß · 2 Möhren · 2 Pastinaken · 1 EL Olivenöl · 550 ml Gemüsebrühe · 1 EL abgeriebene Orangenschale, naturrein · 125 ml Orangensaft, frisch gepresst · Pfeffer · Meersalz · 1 TL Curry · 2 TL Crème fraîche

1. Die Frühlingszwiebeln putzen, waschen und in kleine Würfel schneiden. Etwas Zwiebelgrün hacken und beiseitelegen. Knoblauch und Ingwer schälen und in kleine Stücke hacken. Möhren und Pastinaken schälen und würfeln.
2. Das Öl in einem Topf erhitzen. Zwiebel- und Knoblauchwürfel darin glasig dünsten. Möhren, Pastinaken und den Ingwer dazugeben und unter Rühren etwa 5 Minuten dünsten. Die Gemüsebrühe dazugießen und alles zugedeckt 15 bis 20 Minuten köcheln lassen.
3. Orangenschale und -saft unterrühren, dann das Gemüse mit dem Schneidstab fein pürieren. Mit Pfeffer, Salz und Curry würzen. Crème fraîche leicht unterrühren und mit dem gehackten Zwiebelgrün bestreut servieren.

▶ Ingwer-Pastinaken-Suppe mit Orange

## Kürbis-Kokos-Suppe

Sopa calabaza con coco (Spanisch)

### ▶ Neutral

Für 2 Portionen
gelingt leicht ⏲ 30 Min.
500 g Hokkaido-Kürbis · 1 Knoblauchzehe · 1 Stück Ingwer, walnussgroß · 1 EL Butter · 500 ml Gemüsebrühe · 2 – 3 EL getrocknete Kokosflocken · 1 EL Crème fraîche · Cayennepfeffer · Meersalz

1. Den Kürbis schälen und in kleine Würfel schneiden. Die Knoblauchzehe und den Ingwer schälen und grob hacken.

2. Die Butter in einem Topf erhitzen. Die Kürbiswürfel darin unter Rühren leicht anbraten. Den Knoblauch und den Ingwer dazugeben.

3. Die Brühe dazugießen und alles zugedeckt bei schwacher Hitze 25 Minuten köcheln lassen. Die Suppe mit dem Schneidstab fein pürieren. Kokosflocken und Crème fraîche unterrühren und mit dem Cayennepfeffer und Salz würzen. Die Suppe heiß servieren.

Tipp

Da diese Suppe zu den neutralen Mahlzeiten zählt, können Sie sie zusammen mit einem kräftigen Vollkornbrot genießen. Daraus wird dann allerdings eine Kohlenhydratmahlzeit.

◀ Kürbis-Kokos-Suppe

## Blumenkohl-Cremesuppe

Soupe de chou-fleur (Französisch)

### ▶ Neutral

Für 2 Personen
gut vorzubereiten ⏲ 20 Min.
1 Blatt Liebstöckel · 1 kleiner Blumenkohl · 1 EL Butter · 1 EL Gemüsebrühe (Instant) · 4 EL Sahne · 1 TL gelbe Currypaste · Meersalz

1. Das Liebstöckelblatt waschen, trocken schütteln und sehr fein hacken. Den Blumenkohl waschen, putzen und in Röschen teilen.

2. Die Butter in einem Topf schmelzen lassen und die Blumenkohlröschen darin andünsten. Mit Wasser knapp bedecken, die Gemüsebrühe und die Sahne dazugeben. Zugedeckt in etwa 15 bis 18 Minuten weich kochen.

3. Mit einer Schaumkelle einige Röschen als Suppeneinlage aus der Blumenkohlsuppe nehmen und beiseitelegen. Currypaste zur Suppe geben und alles mit dem Schneidstab fein pürieren. Die Blumenkohlröschen hinzufügen und die Suppe mit Salz abschmecken. Mit dem gehackten Liebstöckel bestreut servieren.

## Knoblauch-Tomaten-Suppe mit Ei

Sopa de ajo (Spanisch)

### ▶ Eiweiß

Für 2 Personen
gut vorzubereiten ⏲ 25 Min.
2–3 Knoblauchzehen · 400 g Tomaten · 1 EL Olivenöl · 200 ml Gemüsebrühe · 1 TL Thymian · 1 TL Rosmarin · 1 Msp. Cayennepfeffer · 2 EL Sahne · 4 Eier · 2 EL gehackte Petersilie

1. Den Knoblauch schälen und im Mörser zerstoßen. Die Tomaten überbrühen, häuten, quer halbieren, entkernen und die Stielansätze entfernen. Die Früchte in kleine Stücke schneiden.

2. Das Olivenöl in einem Topf erhitzen und die zerstoßenen Knoblauchzehen darin glasig dünsten. Die Tomatenstücke unter Rühren dazugeben und alles gut durchschmoren lassen. Die Brühe angießen. Mit dem Thymian, Rosmarin und Cayennepfeffer würzen. Die Suppe mit dem Schneidstab pürieren und mit der Sahne verfeinern.

3. Die Eier einzeln aufschlagen, in eine Suppenkelle geben und langsam in die Suppe setzen. Nochmals fünf Minuten bei schwacher Hitze ziehen lassen. Mit der gehackten Petersilie garnieren.

## Kalte Gurkensuppe

Sopa fría de pepino (Spanisch)

### ▶ Neutral

Für 4 Personen
gut vorzubereiten ⏲ 20 Min. + 2 Std. Kühlzeit
1 kleines Bund Dill · 1 Salatgurke · 400 g Joghurt (10% Fett) · 300 g Kefir · einige Spritzer Zitronensaft · 1–2 Knoblauchzehen · Pfeffer · Meersalz

1. Den Dill waschen, trocken schütteln, fein hacken und beiseitestellen.

2. Die Gurke schälen, ein Drittel davon abschneiden und in kleine Würfel schneiden. Die restliche Gurke der Länge nach halbieren und mit einem Löffel die Kerne herauskratzen. Die Gurkenstücke grob zerkleinern, zusammen mit dem Joghurt, Kefir und Zitronensaft in einen Mixbecher geben und alles fein pürieren.

3. Die Knoblauchzehen schälen, dazupressen und die Gurkenwürfel unterrühren. Die Gurkensuppe mit Pfeffer und Salz abschmecken. Mit dem Dill bestreut gut gekühlt servieren.

Tipp
**Dazu passt als Beilage ein Vollkornbrötchen. Aus der neutralen Mahlzeit wird dann eine Kohlenhydratmahlzeit.**

## Lauchsuppe

Sopa de puerro (Spanisch)

### ▶ Neutral

Für 2 Personen
gut vorzubereiten ⌚ 30 Min.
+ 2 Stunden Zeit zum Ziehen
50 g geschälte Mandeln · ½ l Gemüsebrühe · 1 kleine Zwiebel · 1 Stück Ingwer, haselnussgroß · 1 große Stange Lauch · 1 EL Butter · 1 EL Olivenöl · 1 Msp. Zimt · 4 Nelken · ½ Döschen Safran · Meersalz · 2 EL frisch geriebener Parmesan

1. Die Mandeln zusammen mit der Gemüsebrühe in einem Mixer pürieren, bis eine weiße Mandelmilch entsteht. Die Milch zugedeckt etwa 2 Stunden ziehen lassen.
2. Die Zwiebel abziehen und fein hacken. Den Ingwer schälen und in kleine Scheiben schneiden. Den Lauch putzen, längs aufschneiden, gründlich waschen und in Scheiben schneiden.
3. Butter und Öl in einem Topf erhitzen. Zwiebel, Ingwer und Lauch hinzufügen und unter Rühren andünsten. Die Mandelmilch dazugießen.
4. Die Suppe mit Zimt, Nelken, Safran und Salz würzen. Bei schwacher Hitze 15 bis 18 Minuten bei offenem Topf leicht kochen lassen. Mit dem geriebenen Käse bestreut servieren.

## Zwiebelsuppe

Soupe à l'oignon (Französisch)

### ▶ Kohlenhydrate

Für 2 Portionen
preisgünstig ⌚ 25 Min. + 10 Min. Backzeit
2 Zwiebeln · 1 EL Butter · 1 TL Mehl · 500 ml Gemüsebrühe · Pfeffer · etwas Muskatnuss, frisch gerieben · 2 kleine Scheiben Bauernbrot · 60 g geriebener Greyerzer

1. Die Zwiebeln abziehen, halbieren und in feine Streifen schneiden. Die Butter in einem Topf erhitzen und die Zwiebelstreifen darin glasig dünsten. Anschließend mit dem Mehl bestreuen. Die Brühe dazugießen, mit Pfeffer und Muskatnuss würzen. Die Suppe zugedeckt bei schwacher Hitze 8 bis 10 Minuten köcheln lassen.
2. In der Zwischenzeit die Brotscheiben rösten. Den Backofen auf 160 °C vorheizen. Je eine Brotscheibe in eine feuerfeste Suppentasse legen und mit etwas geriebenem Käse bestreuen. Die kochende Suppe darübergießen.
3. Wenn das Brot an die Oberfläche kommt, den restlichen Käse darüberstreuen. Die Suppe im Backofen 8 bis 10 Minuten überbacken.

## Gemischter Salat mit Filetspitzen

Insalata mista di filetto (Italienisch)

### ▶ Eiweiß

Für 2 Personen
gut vorzubereiten ⏲ 20 Min.

1 kleines Bund Rucola · ½ kleiner Römersalat · 2 Eiertomaten · 4 EL Mais (TK) · 3 EL Olivenöl · 1½ EL Balsamicoessig · frischer Pfeffer aus der Mühle · Meersalz · 2 EL gehackte Petersilie · 200 g Rinderfilet · 1 kleines Stück Parmesankäse · 10 schwarze Oliven

1. Rucola und Römersalat putzen, waschen, abtropfen lassen und in mundgerechte Stücke zerpflücken. Die Tomaten waschen, Stielansätze entfernen und in schmale Spalten schneiden. Alles zusammen mit dem Mais auf einer Salatplatte anrichten.

2. Für das Dressing die Hälfte des Öls mit dem Essig, 5 Esslöffeln Wasser, Pfeffer, Salz und der Petersilie kräftig verrühren.

3. Das Rinderfilet in kleine Stücke schneiden. Das restliche Öl in einer Pfanne erhitzen und das Fleisch darunter unter Wenden kross braten. Die Filetstücke auf dem Salat verteilen und mit der Marinade beträufeln. Den Parmesankäse dünn darüberhobeln. Mit den Oliven garniert servieren.

# SALATE

Castelfranco variegato
kilo 2,50
Verona dolce tenero
kilo 2,50
Bietina novella S. Erasmo
kilo 2,00
Bieta e Cicoria tenera
kilo 1,30

## Gurkensalat mit gerösteten Pinienkernen

Ensalada de pepino con piñones tostados (Spanisch)

▶ **Neutral**

**Für 2 Personen**
**gut vorzubereiten** ⏲ **20 Min.**
2 EL Pinienkerne · 1 Salatgurke · Meersalz · 1 Frühlingszwiebel · ½ rote Chilischote · 2 EL Obstessig · 2 EL Sesamöl · 1 TL Birnendicksaft oder einige Tropfen Stevia Fluid

1. Die Pinienkerne in einer Pfanne ohne Fett kurz rösten, dann beiseitestellen.
2. Die Gurke schälen und in feine Scheiben hobeln. Die Gurkenscheiben auf einer Platte anrichten und leicht salzen.
3. Die Frühlingszwiebel putzen, waschen, das Weiße in Scheibchen, das Grün in schräge Röllchen schneiden. Die Chilischote putzen, waschen, dabei die Trennhäute und Kerne entfernen. Die Frucht in sehr kleine Würfel schneiden.
4. Den Essig mit dem Öl, 3 Esslöffeln Wasser, Salz, Birnendicksaft bzw. Stevia und Chili miteinander mischen. Das Dressing über die Gurkenscheiben träufeln. Den Salat mit den Pinienkernen und den gehackten Zwiebeln bestreut servieren.

## Bohnensalat in Vinaigrette

Salade de haricots verts en vinaigrette (Französisch)

▶ **Neutral**

**Für 2 Personen**
**gut vorzubereiten** ⏲ **20 Min.**
500 g grüne Bohnen · Meersalz · 1 Zweig Bohnenkraut · 1 kleine Frühlingszwiebel · 1 Knoblauchzehe · 2 Zweige Petersilie · eine Handvoll Basilikumblätter · 1 EL alter Balsamicoessig · 1 EL Walnussöl · Pfeffer · 5 EL Gemüsewasser

1. Die Bohnen waschen, putzen, in etwa 3 cm lange Stücke schneiden und in wenig leicht gesalzenem Wasser zum Kochen bringen. Das Bohnenkraut dazugeben.
2. Die Bohnen in 15 bis 18 Minuten bissfest garen, aus dem Wasser nehmen, abtropfen und abkühlen lassen. Das Bohnenkraut entfernen. Etwas Gemüsewasser beiseitestellen.
3. Zwiebel und Knoblauch abziehen und fein hacken. Petersilie und Basilikumblätter waschen, trocken schütteln und grob hacken.
4. Aus dem Essig, Öl, Pfeffer, Salz und dem Gemüsewasser ein Dressing rühren. Die Zwiebel- und Knoblauchwürfel unterrühren. Die Bohnen mit dem Dressing vermischen, Petersilie und Basilikum darüberstreuen. Den Salat kurze Zeit ziehen lassen, dann servieren.

## Kräutersalat mit Pilzen

Salade d'herbes aux champignons (Französisch)

### ▶ Neutral

Für 2 Personen
gut vorzubereiten ⏲ 25 Min.

eine Handvoll Basilikumblätter · 2–3 Zweige Petersilie · 1 kleines Bund Rucola · 40 g Spinatblätter · 1 rote Paprikaschote · Meersalz · 2 EL alter Balsamicoessig · 2 EL Öl · 250 g Champignons · 1 EL Butter · schwarzer Pfeffer, frisch aus der Mühle

1. Basilikum, Petersilie, Rucola und Spinatblätter verlesen, waschen, trocken schütteln und in mundgerechte Stücke zupfen.

2. Die Paprikaschote waschen, halbieren, putzen und in kleine Würfel schneiden. Kräuter und Salatblätter mit den Paprikawürfeln mischen und alles auf einer Platte anrichten. Den Salat leicht salzen und mit Essig und Öl beträufeln.

3. Die Pilze putzen und in dünne Scheiben schneiden. Die Butter in einer Pfanne erhitzen und die Pilze darin unter Rühren hellbraun braten. Mit Salz würzen.

4. Die gebratenen Pilze auf dem Salat verteilen. Großzügig mit dem Pfeffer bestreuen und servieren.

## Pikanter Möhrensalat

Ensalada de zanahoria picante (Spanisch)

### ▶ Neutral

Für 2 Personen
gut vorzubereiten ⏲ 25 Min.
+ 30 Min. Zeit zum Durchziehen

1 kleines Bund Petersilie · 1 großes Bund frische Möhren · ½ Chilischote · 2 EL Öl · 2 EL Obstessig · 2 EL Sahne · ½ TL Honig · Meersalz

1. Die Petersilie waschen, trocken schütteln und fein hacken. Die Möhren waschen, putzen, in einen Topf geben, mit Wasser bedecken und mit der Schale in 18 bis 20 Minuten garen. Dann das Wasser abgießen und die Möhren etwas auskühlen lassen. Anschließend die Schale der Möhren abziehen und das Gemüse in dünne Scheiben schneiden.

2. Die Chilischote waschen, halbieren und die Trennhäute und Kerne entfernen. Die Schote in sehr kleine Würfel schneiden.

3. Für die Marinade das Öl mit dem Essig, der Sahne und 5 Esslöffeln Wasser kräftig verschlagen. Mit Honig und Salz würzen. Die Möhren mit der Marinade mischen und gut gekühlt etwa 30 Minuten ziehen lassen. Mit der gehackten Petersilie bestreut servieren.

## Spargelsalat mit Koriandersauce

Ensalada de espárragos con salsa de cilantro (Spanisch)

▶ Neutral

Für 2 Personen
gut vorzubereiten ⏲ 20 Min.
1–2 Knoblauchzehen · 1 Zucchini · 350 g grüner Spargel · 1 EL Olivenöl · Meersalz · 1 kleines Bund Koriander · 125 g Joghurt · 1 TL Senf · Pfeffer

1. Den Knoblauch schälen und fein hacken. Zucchini waschen, putzen und grob würfeln. Vom gewaschenen Spargel die unteren hellen Enden abschneiden und die Stangen in Stücke brechen.

2. Das Öl in einer beschichteten Pfanne erhitzen. Den Knoblauch, die Zucchiniwürfel und die Spargelstücke darin unter Rühren knackig anbraten. Mit Salz leicht würzen. Anschließend das Gemüse vom Herd nehmen, auf einer Platte anrichten und leicht auskühlen lassen.

3. In der Zwischenzeit die Korianderblätter von den Stielen zupfen und zusammen mit dem Joghurt, Senf, Salz und Pfeffer mit dem Mixstab fein pürieren. Die Koriandersauce über den Salat geben und lauwarm servieren.

## Gefüllte Avocado mit Scampisalat

Aguacate relleno con ensalada de langostinos (Spanisch)

▶ Eiweiß

Für 2 Personen
gut vorzubereiten ⏲ 20 Min.
1 Ei · 3 Blätter Kopfsalat · 125 g gegarte Scampis oder Krabben · 125 g Joghurt · 1 EL Mayonnaise · Meersalz · 1 große reife Avocado · 2 EL Zitronensaft · etwas Dill

1. Das Ei hart kochen, mit kaltem Wasser abschrecken, schälen und in kleine Würfel schneiden.

2. Die Salatblätter putzen, waschen, trocken tupfen und fein hacken. Die Scampis mit einer Gabel grob zerdrücken, 2 Scampis beiseitelegen.

3. Für das Dressing den Joghurt mit der Mayonnaise verrühren und leicht salzen. Das Dressing mit den Eiwürfeln und den gehackten Salatblättern mischen. Die Scampistückchen unterheben.

4. Die Avocado halbieren, den Kern herausnehmen und die Hälften mit dem Zitronensaft beträufeln. Den Scampisalat in die Avocadohälften füllen. Mit den Scampis und Dillfähnchen garniert servieren.

▶ Gefüllte Avocado mit Scampisalat

## Salat »Nizza«

Salade niçoise (Französisch)

### ▶ Eiweiß

Für 2 Personen
gut vorzubereiten 35 Min.
2 Hähnchenbrüste à 150 g · 1 EL Öl · Pfeffer · Meersalz · 2 Salatherzen · 1 Staude Chicorée · 1 Selleriestange · 1 kleine Fenchelknolle · 1 kleines Stück Ingwer · 1 große Orange · 100 g Joghurt · 80 ml frisch gepresster Orangensaft · 1 TL Curry · 1 Msp. Chili · 2 EL gehackte glatte Petersilie

1. Das Hähnchenfleisch kurz waschen und mit Küchenpapier abtrocknen. Die Hähnchenbrüste mit Pfeffer und Salz würzen und in der Pfanne mit dem Öl bei mittlerer Hitze von beiden Seiten je 4 bis 5 Minuten braten.

2. Den Salat putzen, waschen und in mundgerechte Stücke zerpflücken. Den Chicorée waschen, putzen, vierteln, den Strunk herausschneiden und die Viertel in feine Streifen schneiden.

3. Die Selleriestange putzen und in dünne Scheibchen schneiden. Den Fenchel putzen und in feine Streifen schneiden. Den Ingwer schälen und fein hacken. Die Orange schälen und das Fruchtfleisch in Würfel schneiden.

4. Für die Marinade den Joghurt mit Orangensaft, Curry, Chili, Salz und der gehackten Petersilie verrühren. Die Sauce über den Salat gießen und vermischen. Das Hähnchenfleisch quer in schmale Streifen schneiden und noch warm auf dem Salat verteilen.

## Krautsalat

Salade de chou (Französisch)

### ▶ Neutral

Für 2 Personen
gut vorzubereiten 25 Min.
1 kleiner Kopf Weißkohl · Meersalz · 2 EL Mayonnaise · 200 g Joghurt · 1 TL Senf · 1 TL Kümmel · Pfeffer · Kräutersalz · 1 TL Rosenpaprika

1. Den Weißkohl vierteln, den harten Strunk herauslösen und das Kraut in dünne Streifen hobeln. Die Krautstreifen in kochendem Wasser für eine Minute blanchieren, dann aus dem Wasser heben und mit Eiswasser abschrecken. Anschließend das Kraut mit Salz bestreuen und so lange stampfen, bis der Kohl geschmeidig ist.

2. Für das Dressing die Mayonnaise mit dem Joghurt und Senf cremig verrühren. Mit Kümmel, Pfeffer und Kräutersalz würzen.

3. Den gestampften Kohl mit dem Dressing mischen und mit Rosenpaprika bestreut servieren.

▶ Salat »Nizza«

## Gebratene Salatherzen

Cogollos fritos (Spanisch)

▶ Neutral

Für 2 Personen
gut vorzubereiten ⏲ 15 Min.
2–3 Knoblauchzehen · 4 Salatherzen · Pfeffer · Meersalz · 1 EL Olivenöl · 2 EL Obstessig

1. Den Knoblauch abziehen und in dünne Scheiben schneiden. Von den Salatherzen die äußeren Blätter entfernen. Die Salatherzen der Länge nach halbieren, waschen und trocken schütteln. Mit Pfeffer und Salz würzen.

2. Das Öl in einer Pfanne erhitzen und den Knoblauch darin glasig dünsten. Die Salatherzen mit der Schnittfläche nach unten in die Pfanne dazugeben und bei mittlerer Hitze 2 Minuten braten.

3. Die Salatherzen aus der Pfanne nehmen und zusammen mit dem Knoblauch auf einer Platte anrichten. Den Essig und 1 Esslöffel Wasser in das restliche Bratfett geben, mit Pfeffer und Salz würzen und die Salatherzen damit begießen. Kalt oder warm servieren.

## Kleiner italienischer Salat

Insalata italiana piccola (Italienisch)
Rezept zum Coverfoto

▶ Neutral

Für 2 Personen
gut vorzubereiten ⏲ 15 Min.
1 EL heller Sesam · 2 Tomaten · 125 g Mozzarella · 1 kleines Bund Rucola · 2–3 EL Olivenöl · Pfeffer · Meersalz · einige Basilikumblättchen

1. Den Sesam in einer Pfanne ohne Fett kurz rösten, dann beiseite stellen.

2. Die Tomaten waschen, die Stielansätze entfernen und die Früchte grob in Würfel schneiden. Den Käse grob würfeln. Rucola putzen, waschen, abtropfen lassen und in mundgerechte Stücke zerpflücken.

3. Tomaten, Käse und Rucola auf einer Salatplatte anrichten. Mit dem Olivenöl beträufeln. Den Salat mit Pfeffer und Salz würzen und den gerösteten Sesam darüberstreuen. Mit den Basilikumblättchen garniert servieren.

## Tomaten-Paprika-Mais-Salat

Salade de tomates et de mais au piment (Französisch)

▶ Neutral

Für 2 Personen
gut vorzubereiten ⏲ 15 Min.
40 g Greyerzer Käse · 2 Tomaten · 1 grüne Paprikaschote · 3 EL Mais (TK) · 1 kleine Zwiebel · 1 kleines Bund gemischte Kräuter, z. B. Petersilie, Basilikum · 1 EL Olivenöl · 1 EL Obstessig · Pfeffer · Kräutersalz

1. Den Käse sehr fein würfeln. Die Tomaten waschen, die Stielansätze entfernen und die Früchte in kleine Würfel schneiden. Die Paprikaschote waschen, halbieren, entkernen und ebenfalls klein würfeln. Käse, Tomaten-, Paprikawürfel und den Mais in einer Schüssel mischen.

2. Für das Dressing die Zwiebel schälen und fein hacken. Die Kräuter waschen, trocken schütteln und hacken.

3. Aus dem Öl, Obstessig, 6 Esslöffeln Wasser, Pfeffer, Salz und den gehackten Kräutern eine Sauce rühren. Die Zwiebelwürfel dazugeben und alles mit dem Salat vermischen.

## Chicoréesalat mit Knoblauchmarinade

Ensalada de achicoria con ajo marinado (Spanisch)

▶ Neutral

Für 2 Personen
gut vorzubereiten ⏲ 15 Min.
+ 3 Std. Zeit zum Durchziehen
3 Knoblauchzehen · Meersalz · 2 EL Olivenöl · 2 EL Obstessig · Pfeffer · 1 kleines Bund frische Kräuter z. B. Petersilie, Kerbel, Boretsch · 3 Stauden Chicorée

1. Den Knoblauch abziehen, mit Salz bestreuen und mit der Breitseite eines Messers zerdrücken. Den Knoblauch in eine Schüssel geben und mit dem Öl, Essig und 6 Esslöffeln Wasser mischen. Mit Pfeffer würzen. Zugedeckt etwa 3 Stunden ziehen lassen.

2. Anschließend die Marinade durchsieben. Die Kräuter fein hacken und mit der Sauce verrühren.

3. Den Chicorée waschen, putzen, der Länge nach vierteln und den Strunk herausschneiden. Die Chicoréeviertel auf einer Platte anrichten und mit der Sauce beträufeln.

## Lammschulter mit Auberginen

Cordero con berenjenas (Spanisch)

### ▶ Eiweiß

Für 2–3 Personen
gut vorzubereiten
25 Min. + 2 Std. Zeit zum Marinieren + 3 Std. Garzeit

1 kg Lammschulter mit Knochen, in 2–3 Stücke gehackt · 10 Knoblauchzehen · 2 EL Olivenöl · 1 TL Meersalz · 1 TL zerstoßene Pfefferkörner · ½ TL Nelkenpulver · ½ TL Zimtpulver · ½ TL Piment · 4–5 Schalotten · 800 g vollreife Fleischtomaten · 1 mittelgroße Aubergine (350 g) · 1 TL Honig · 200 ml Gemüsebrühe · 1 Lorbeerblatt · 1 Zweig Rosmarin · 2 Stiele Thymian · Pfeffer · Meersalz

1. Zwei Knoblauchzehen abziehen und durch eine Presse drücken. Das Öl mit dem Salz, Knoblauch, Pfefferkörnern, Nelken, Zimt und Piment verrühren. Das Fleisch damit einreiben und abgedeckt im Kühlschrank 1 bis 2 Stunden marinieren.
2. Die Schalotten abziehen und grob würfeln. Die Tomaten überbrühen, häuten und in Stücke schneiden. Die Aubergine putzen, waschen und grob würfeln.
3. Das Fleisch in einem Bräter scharf anbraten. Schalotten, restliche ungeschälte Knoblauchzehen und Honig dazugeben und unter Rühren braun braten.
4. Die Tomatenstücke zum Fleisch geben und kurz mitdünsten. Die Auberginenwürfel unterrühren. Die Gemüsebrühe angießen. Lorbeerblatt, Rosmarin, Thymian und Pfeffer dazugeben und alles zugedeckt etwa 1 Stunde leise kochen lassen. Anschließend im Backofen bei 150 °C im offenen Bräter weitere 60 bis 90 Minuten garen lassen. Zwischendurch mit etwas Brühe übergießen.
5. Das Lorbeerblatt, den Rosmarinzweig und den Thymian entfernen. Die Sauce mit Pfeffer und Salz abschmecken und das Gericht servieren.

# HAUPTGERICHTE

## Gefüllte Rindfleischröllchen

Involtini di manzo ripieni (Italienisch)

▶ **Eiweiß**

Für 4–6 Personen
gut vorzubereiten ⏲ 30 Min. + 1½ Std. Garzeit
120 g durchgereifter Pecorino oder Provolone-Käse · 2 Knoblauchzehen · 1 kleines Bund Petersilie · 2 Zweige Basilikum · 4 EL Pinienkerne · 2 EL gemahlene Mandeln · 1 Ei · Pfeffer · 2 Zwiebeln · 8 Scheiben Rindfleisch à 100 g · 2 EL Olivenöl · 300 ml Rotwein · 5 vollreife Tomaten, etwa 1 kg · Meersalz

1. Den Käse in kleine Würfel schneiden. Knoblauch abziehen und fein hacken. Petersilie und Basilikum waschen, trockenschütteln und grob hacken. Käse, Knoblauch, Kräuter, Pinienkerne, Mandeln und Ei in einer Schüssel vermischen und mit Pfeffer würzen.

2. Die Zwiebeln abziehen und würfeln. Die Fleischscheiben abspülen, trockentupfen und flach klopfen. Auf jede Scheibe einen Esslöffel Füllung geben, seitlich einschlagen, aufrollen und mit Rouladennadeln oder Küchenschnur zubinden.

3. Die Rouladen in einem Bräter mit dem Öl rundherum braun anbraten. Zwiebelwürfel dazugeben, kurz mitbraten und alles mit Rotwein löschen.

4. Die Tomaten überbrühen, häuten, in Stücke schneiden und zum Fleisch geben. Das Ganze zugedeckt 1½ Stunden köcheln lassen. Die Sauce mit Pfeffer und Salz abschmecken. Die Fleischröllchen zusammen mit der Sauce auf einer Platte servieren.

## Gebackene Hühnerkeulen

Pollo asado al horno (Spanisch)

▶ **Eiweiß**

Für 4 Personen
gut vorzubereiten ⏲ 2 Std.
3 Tomaten · 2 Möhren · 2–3 Knoblauchzehen · 4 EL Olivenöl · 1 EL Rosmarin, fein gehackt · 1 EL getrockneter Thymian · Pfeffer · Meersalz · 4 Hühnerkeulen à 250 g · 100 ml trockener Weißwein

1. Tomaten waschen und in grobe Stücke schneiden. Die Möhren schälen und würfeln.

2. Für die Marinade den Knoblauch schälen und durch eine Presse drücken. Knoblauch, Öl, Rosmarin, Thymian, Pfeffer und Salz mischen.

3. Das Fleisch kurz abwaschen, mit Küchenpapier trockentupfen und mit der Marinade bestreichen. Die Keulen mit der Haut nach unten in einen Bräter legen und anbraten, dann wenden.

4. Tomaten- und Möhrenwürfel dazugeben und kurz mitbraten. Den Wein und 100 Milliliter Wasser zugießen, mit Salz würzen. Im Backofen bei 160 °C eine gute Stunde garen lassen. Zwischendurch mit dem Bratensaft begießen. Die Hühnerkeulen im Bräter servieren.

▶ **Das passt dazu**
Geröstete Paprikaschoten (S. 34)

## Hähnchenbrustfilet in Orangen-Senf-Sauce

Blanc de poulet à la moutarde d'orange (Französisch)

▶ **Eiweiß**

Für 2 Personen
gut vorzubereiten ⏲ 25 Min.
2 kleine Orangen · 2 Hähnchenbrustfilets à 150 g · Pfeffer · Meersalz · 1 EL Olivenöl · 125 ml Orangensaft, frisch gepresst · 2 EL Crème fraîche · 1 TL Dijon-Senf · 1 TL Paprikapulver, edelsüß

1. Die Orangen schälen. Mit einem scharfen Messer die Zwischenhäute einschneiden, die einzelnen Filets herauslösen und den Saft dabei auffangen. Das Fleisch kurz waschen, mit Küchenpapier trockentupfen und mit Pfeffer und Salz würzen.

2. Das Öl in einer Pfanne erhitzen und das Fleisch darin von beiden Seiten je 4 bis 5 Minuten braten, dann aus der Pfanne nehmen und warm stellen.

3. Den Bratensatz mit dem Orangensaft, der Crème fraîche und dem Senf verrühren und einmal aufkochen lassen. Die Sauce mit Pfeffer und Salz abschmecken. Die Orangenfilets und die gebratenen Hähnchenbrüste in die Sauce geben, nochmals kurz erhitzen und mit dem Paprikapulver bestreut servieren.

▶ Das passt dazu
Tomaten-Paprika-Mais-Salat (S. 61)

## Lammspieße nach Pepes Art

Pinchos de cordero tipico de Pepe (Spanisch)

▶ **Eiweiß**

Für 2 Personen
gut vorzubereiten ⏲ 20 Min. + 20 Min. Garzeit
1 große grüne Paprikaschote · 1 große rote Paprikaschote · 2 Zwiebeln · 12 Kirschtomaten · 300 g Lammfleisch · 1–2 Knoblauchzehen · 3 EL Olivenöl · 2 TL getrockneter Thymian · Pfeffer · Meersalz

1. Die Paprikaschoten halbieren, putzen, waschen und in grobe Stücke schneiden. Die Zwiebel schälen und vierteln. Die Tomaten waschen. Das Fleisch kurz waschen, mit Küchenpapier trockentupfen und in mundgerechte Würfel schneiden.

2. Für die Marinade den Knoblauch schälen und durch eine Presse drücken. Mit dem Öl, Thymian, Pfeffer und Salz verrühren. Das Fleisch abwechselnd mit Paprika, Zwiebeln und Tomaten auf Holzspieße stecken und mit der Marinade einpinseln.

3. Den Grill vorheizen. Alufolie auf einen Gitterrost legen und die Spieße von allen Seiten je 4 bis 5 Minuten grillen. Heiß servieren.

▶ Das passt dazu
Aioli (S. 38)

## Kleine Putenschnitzel mit Salbei

Saltimbocca alla romana (Italienisch)

▶ **Eiweiß**

Für 2 Personen
gut vorzubereiten 25 Min.
8 Putenschnitzel à 50 g · Pfeffer · Meersalz · 2 TL Oregano · 8 Scheiben roher Rinderschinken · 8 Salbeiblätter · 2 EL Olivenöl · 3 EL trockener Weißwein · 125 ml Gemüsebrühe

1. Das Fleisch waschen, mit Küchenpapier trockentupfen, zwischen Klarsichtfolie legen und flach klopfen. Mit Pfeffer, Salz und Oregano würzen.

2. Die Schnitzelchen mit je einer Scheibe Schinken und mit einem Salbeiblatt belegen. Mit Zahnstochern fixieren.

3. Das Öl in einer Pfanne erhitzen und das Fleisch darin von jeder Seite etwa 3 bis 4 Minuten braten. Dann aus der Pfanne nehmen und warm stellen.

4. Den Bratensaft mit dem Wein ablöschen, die Gemüsebrühe dazugeben und das Ganze zwei Drittel einkochen lassen. Die Sauce mit Pfeffer und Salz abschmecken. Die Saltimbocca zusammen mit der Sauce auf Tellern anrichten.

▶ Das passt dazu
Gebratene Salatherzen (S. 60)

## Gefüllte Paprikaschoten

Pimientos rellenos (Spanisch)

▶ **Eiweiß**

Für 4 Personen
gut vorzubereiten 25 Min. + 20 Min. Garzeit
500 g Rinderhackfleisch · 1 Ei · Meersalz · Pfeffer · 1 EL gehackter Rosmarin · 1 EL gerebelter Thymian · 16 kleine rote Paprikaschoten aus dem Glas · 1–2 EL Olivenöl · 2 reife Tomaten · 200 ml Sahne · 250 ml Gemüsebrühe · 1 EL Tomatenmark · 1 Blumenkohl · 5 EL Milch

1. Hackfleisch und Ei in eine Schale geben, mit Salz, Pfeffer und Kräutern würzen und alles miteinander vermengen. Die Paprikaschoten abgießen und gut abtropfen lassen. Die Hackfleischmischung in die Schoten füllen.

2. Die Paprikaschoten in einer großen Pfanne in dem Öl unter Wenden von allen Seiten zart anbraten.

3. Die Tomaten überbrühen, häuten, entkernen und in Stücke schneiden. Diese zusammen mit der Sahne, Gemüsebrühe und Tomatenmark mit dem Schneidstab pürieren. Die Sauce über die Paprikaschoten geben und mit Pfeffer und Salz abschmecken. Etwa 15 bis 20 Minuten köcheln lassen.

4. Den Blumenkohl waschen und in kleine Röschen teilen. Zusammen mit der Milch in einen Topf mit leicht gesalzenem kochendem Wasser geben und in 12 bis 15 Minuten bissfest garen. Die Röschen aus dem Wasser nehmen. Die Paprikaschoten mit dem Blumenkohl und der Sauce servieren.

▶ Kleine Putenschnitzel mit Salbei

## Geschmorte Kalbshaxe à la Julietta

Ossobuco alla Julietta (Italienisch)

### ▶ Eiweiß

Für 4 Personen
gut vorzubereiten 30 Min. + 2½ Std. Schmorzeit
1 große Gemüsezwiebel · 2–3 Knoblauchzehen · 2 Möhren · 2 Selleriestangen · 600 g reife Tomaten · 4 Kalbshaxenscheiben, etwa 1,6 kg · 2 EL Olivenöl · 175 ml Rotwein · 175 ml Gemüsebrühe · 2 Lorbeerblätter · 1 Zweig Rosmarin · 1 TL Thymian · 1 TL Oregano · Pfeffer · Meersalz

1. Zwiebel und Knoblauch abziehen und grob hacken. Möhren und Sellerie putzen und in kleine Würfel schneiden. Die Tomaten überbrühen, häuten und grob würfeln. Die Kalbshaxen mit Küchengarn rund binden.
2. In einem Bräter das Olivenöl erhitzen und das Fleisch darin von beiden Seiten hellbraun anbraten. Zwiebel, Knoblauch, Möhren und Sellerie dazugeben und unter Rühren mitschmoren lassen. Mit dem Rotwein und der Brühe löschen und alles leicht einkochen lassen.
3. Tomaten, Lorbeer und Rosmarin dazugeben. Alles mit dem Thymian, Oregano, Pfeffer und Salz würzen. Die Kalbshaxen zugedeckt im Backofen bei 180 °C etwa 2½ Stunden schmoren lassen, dabei die Scheiben alle 30 Minuten mit etwas Brühe übergießen.
4. Küchengarn, Lorbeerblätter und Rosmarinzweig entfernen. Das Fleisch auf einer Platte anrichten, mit der Sauce übergießen und servieren.

▶ Das passt dazu
Gemischter Salat

## Mallorquinischer Fischtopf

Caldereta de pescado (Spanisch)

### ▶ Eiweiß

Für 2 Personen
30 Min. + 20 Min. Garzeit
1 Knoblauchknolle · 1 Zwiebel · 3 hellgrüne Spitzpaprikaschoten · 3 vollreife Tomaten · 400 g festfleischiger Fisch (z. B. Heilbutt, Seehecht, Dorade) · Meersalz · 2 EL Olivenöl · 200 ml Fischfond (siehe S. 40) oder Gemüsebrühe · Pfeffer · Paprikapulver, edelsüß · 1 Knoblauchzehe · 2 Stiele Majoran · 2 Stiele glatte Petersilie

1. Von der Knoblauchknolle die äußeren Schalen abstreifen. Die Zwiebel abziehen und in Scheiben schneiden. Die Paprikaschoten waschen, putzen und in kleine Stücke schneiden. Die Tomaten überbrühen, häuten und würfeln. Den Fisch säubern, entgräten, in mundgerechte Stücke schneiden und salzen.
2. Das Öl in einer hochwandigen Pfanne oder im Bräter erhitzen. Die Knoblauchknolle darin rundherum anbraten. Zwiebel, Paprika und Tomaten dazugeben und unter Rühren anschmoren lassen.
3. Die Brühe dazugießen und alles mit Pfeffer, Salz und Paprikapulver würzen. Das Gemüse kurz aufkochen lassen, dann die Fischstücke dazugeben und bei schwacher Hitze 15 Minuten ziehen lassen.
4. In einem Mörser die Knoblauchzehe, Majoran und Petersilie zerdrücken. Einen Esslöffel Fischbrühe dazugeben und alles über die Caldereta geben. In tiefen Tellern servieren.

▶ Geschmorte Kalbshaxe à la Julietta

## Dorade aus dem Ofen mit Spinat

Dorada al horno con espinacas (Spanisch)

### ▶ Eiweiß

Für 2 Personen
braucht etwas mehr Zeit ⏲ 50 Min.
2–3 Knoblauchzehen · 4 Tomaten · Schale einer halben Zitrone, naturrein · 2–3 Zweige Thymian · 8 Pfefferkörner · Meersalz · 100 ml Weißwein, trocken · 2 Doraden à 350 g · 1 kg Spinat · 1 kleine Zwiebel · 1–2 Knoblauchzehen · 1 EL Olivenöl · Pfeffer · Meersalz · 2 EL frisch geriebener Parmesan

1. Den Knoblauch abziehen und in dünne Scheiben schneiden. Die Tomaten mit kochendem Wasser überbrühen, häuten und würfeln. Knoblauch, Tomatenstücke, Zitronenschale, Thymian, Pfefferkörner und Salz in einen flachen Bräter geben. Mit dem Wein und 125 Milliliter Wasser aufgießen.

2. Die gesäuberten Fische in den Sud legen und im Backofen bei 180 °C etwa 25 bis 30 Minuten schmoren lassen. Zwischendurch die Fische mit dem Sud begießen.

3. Den Spinat putzen und waschen. Zwiebel und Knoblauch abziehen und beides fein würfeln. Die Würfel in einem Topf mit dem Öl glasig dünsten.

4. Den Spinat tropfnass dazugeben und zugedeckt dämpfen, bis er zusammengefallen ist. Mit Pfeffer und Salz würzen. Das Gemüse auf einer Platte anrichten und mit dem Parmesan bestreuen. Die Fische im Bräter dazu servieren.

## Seezunge mit Salbeibutter und Salat

Pesce al burro con salvia e insalata (Italienisch)

### ▶ Eiweiß

Für 2 Personen
braucht etwas mehr Zeit ⏲ 35 Min.
2 EL Pinienkerne · 4 Zweige glatte Petersilie · 1 kleines Bund Rucola · 1 grüne Paprikaschote · 1 große Fleischtomate · 1 EL Öl · 6 EL Orangensaft, frisch gepresst · 2 EL Zitronensaft · Pfeffer · Meersalz · 2 Seezungen oder Schollen à 400 g · 2 EL Zitronensaft · Pfeffer · Meersalz · 4 EL Olivenöl · 1–2 Zweige Salbei · 2 EL Butter

1. Die Pinienkerne in einer Pfanne rösten, die Petersilie waschen und hacken. Vom Rucola die Blättchen in Streifen schneiden. Die Paprikaschote entkernen, waschen und in Würfel schneiden. Die Tomate waschen und würfeln. Rucola, Paprika und Tomaten in einer Schüssel mischen.

2. Das Öl mit dem Orangen- und Zitronensaft, Pfeffer und Salz verschlagen und die Marinade über den Salat gießen. Mit Pinienkernen und Petersilie bestreuen.

3. Die Fische abspülen und trocknen. Mit Zitronensaft beträufeln und mit Pfeffer und Salz würzen. Die Fische in einer Pfanne mit 4 Esslöffeln Öl bei mittlerer Hitze von jeder Seite 4 bis 5 Minuten braten.

4. Die abgezupften Salbeiblättchen mit der Butter in einer Pfanne knusprig braten. Die Seezungen auf Tellern anrichten, mit der Salbeibutter begießen und mit dem Salat servieren.

## Makrelen in Cidre

Maquereaux au cidre (Französisch)

### ▶ Eiweiß

Für 2 Personen
braucht etwas mehr Zeit
45 Min. + 24 Stunden Zeit zum Marinieren

2 Makrelen · 1 große Zwiebel · 2 Möhren · 1 kleines Bund Petersilie · Schale einer halben Zitrone, naturrein · 8 Pfefferkörner · 1 Lorbeerblatt · ¼ l Cidre oder Weißwein, trocken · ⅛ l Wasser · 2 TL Senf · 4 Zitronenscheiben, naturrein

1. Die Fische waschen und säubern. Zwiebel und Möhren schälen und in dünne Ringe bzw. Scheiben schneiden. Die Petersilie waschen und grob hacken. Ein paar Zwiebelringe, Möhrenscheiben und etwas Petersilie beiseitelegen.

2. Zwiebel, Möhren, Petersilie, Zitronenschale, Pfefferkörner und Lorbeerblatt in eine Kasserolle geben. Mit dem Cidre und Wasser aufgießen und 10 Minuten leicht kochen lassen.

3. Fische in den Sud legen und zugedeckt bei schwacher Hitze 12 bis 15 Minuten garen. Makrelen herausnehmen, Kopf und Schwanzflosse abschneiden und die Fische in eine Auflaufform legen.

4. Den Sud leicht einkochen lassen. Die abgekühlte Brühe durch ein Sieb geben, mit Senf verrühren und über die Fische gießen. Die Makrelen mit den beiseitegelegten Zutaten belegen. Die Auflaufform mit Alufolie abdecken und die Makrelen 24 Stunden im Kühlschrank durchziehen lassen. Gekühlt servieren.

## Marinierte Schwertfischsteaks mit geschmorten Zucchini

Darnes d'espadon marinées et courgettes braisées (Französisch)

### ▶ Eiweiß

Für 2 Personen
braucht etwas mehr Zeit 30 Min. + 20 Min. Garzeit

2–3 Knoblauchzehen · 4 EL Olivenöl · 2 Schwertfischsteaks à 200 g · Meersalz · 500 g Zucchini · Kräuter der Provence

1. Für die Marinade den Knoblauch abziehen, sehr fein hacken und mit dem Öl vermischen. Den Fisch waschen und mit Küchenpapier abtrocknen. Die Fischsteaks von beiden Seiten mit etwas Marinade bestreichen, salzen und 15 Minuten ziehen lassen.

2. In der Zwischenzeit die Zucchini waschen, putzen und in dünne Scheiben schneiden. Die restliche Marinade in einer Pfanne erhitzen. Zucchinischeiben dazugeben und unter gelegentlichem Wenden langsam schmoren lassen. Das Gemüse mit Salz und Kräutern der Provence würzen.

3. Eine weitere Pfanne erhitzen und die Fischsteaks darin von jeder Seite etwa 3 Minuten braten. Zusammen mit dem Gemüse servieren.

## Wolfsbarsch in Salzteig

Branzino al sale (Italienisch)

▶ **Eiweiß**

Für 2 Personen
braucht etwas mehr Zeit ⏲ 50 Min.
800 g Wolfsbarsch oder Dorade · Pfeffer · 1–2 TL getrockneter Thymian · 1 kg grobkörniges Meersalz · 1 Endiviensalat · 1 kleine Zwiebel · 2 Knoblauchzehen · 1 EL Olivenöl · Meersalz · 2 EL Butter · 8 Kirschtomaten

1. Den Fisch waschen, abtrocknen und mit Pfeffer und Thymian würzen. Ein Backblech mit Alufolie auslegen und fingerdick mit Salz bestreuen.

2. Sechs Blätter vom Endiviensalat abnehmen, waschen und den Fisch damit umwickeln. Den Fisch auf das Blech legen, mit dem restlichen Salz bedecken und im Backofen bei 180 °C 30 bis 35 Minuten backen.

3. Den restlichen Endiviensalat waschen und in 2 Zentimeter breite Streifen schneiden. Zwiebel und Knoblauch abziehen und fein würfeln. Die Würfel in einem Topf mit dem Öl glasig dünsten. Endivienstreifen hinzufügen, dabei leicht zusammenfallen lassen. Mit Pfeffer und Salz würzen.

4. Den Fisch aus dem Ofen nehmen, die Salzkruste entfernen. Den Fisch aus den Salatblättern wickeln und die Haut abnehmen. Die Filets auf Tellern anrichten, mit geschmolzener Butter beträufeln und mit dem Endiviengemüse und halbierten Kirschtomaten servieren.

◀ Wolfsbarsch im Salzteig

## Fischspieße »Mediterran«

Brochetas de pescado (Spanisch)

▶ **Eiweiß**

Für 4 Personen
gut vorzubereiten ⏲ 25 Min. + 15 Min. Garzeit
4 EL Olivenöl · 3 EL Zitronensaft · 2 Knoblauchzehen, zerdrückt · je 1 EL Thymian und Rosmarin, fein gehackt · Meersalz · Pfeffer · 2 große Zwiebeln · 1 rote Paprikaschote · 1 grüne Paprikaschote · 24 Kirschtomaten · 600 g festfleischiger Fisch, z. B. Schwertfisch oder Goldbarsch · 12 Scampis

1. Für die Marinade das Öl mit dem Zitronensaft verrühren und mit dem Knoblauch, Thymian, Rosmarin, Salz und Pfeffer würzen.

2. Die Zwiebeln abziehen und in Spalten schneiden. Die Paprikaschoten putzen, waschen und grob zerteilen. Die Tomaten waschen.

3. Den Fisch waschen, mit Küchenpapier abtrocknen und in mundgerechte Würfel schneiden. Die Scampis schälen und den Darm entfernen.

4. In bunter Reihenfolge die Zwiebelspalten, Fischstücke, Paprikastücke, Tomaten und Scampis auf Spieße stecken und mit der Marinade bestreichen. Die Spieße auf Alupapier oder in eine Grillpfanne legen und in 12 bis 15 Minuten von allen Seiten grillen.

▶ Das passt dazu
Geröstete Paprikaschoten (S. 34)

# Steinbutt mit Gemüse

Rombo con verdure (Italienisch)

▶ **Eiweiß**

Für 2 Personen
gelingt leicht 30 Min.

- 1 große rote Paprikaschote
- 200 g Champignons
- 1 Zucchini, mittelgroß
- 1 EL Olivenöl
- 1 TL fein gehackter Rosmarin
- 1 TL Thymianblättchen
- Pfeffer
- Meersalz
- 10 schwarze Oliven
- 2 Steinbuttfilets à 200 g
- 2 EL Zitronensaft
- 1 EL Butter

1. Die Paprikaschote halbieren, putzen, waschen und in Streifen schneiden. Die Champignons putzen und grob würfeln. Die Zucchini putzen, längs vierteln und in 3 Zentimeter lange Stäbchen schneiden.

2. Das Öl in einer beschichteten Pfanne erhitzen und das Gemüse darin unter Wenden braten. Mit Rosmarin, Thymian, Pfeffer und Salz würzen. Die Oliven unterrühren.

3. Den Fisch waschen, mit Küchenpapier abtrocknen, salzen und mit dem Zitronensaft beträufeln. Die Butter in einer Pfanne erhitzen und den Fisch darin von beiden Seiten je 6 bis 8 Minuten sanft braten. Zusammen mit dem Gemüse servieren.

# Auberginengratin

Melanzane gratinate (Italienisch)

1. Die Aubergine waschen, den grünen Stielansatz entfernen. Das Gemüse der Länge nach in ½ Zentimeter dicke Scheiben schneiden. Die Scheiben mit Salz bestreuen, 10 Minuten ziehen lassen, danach mit Küchenkrepp trocken tupfen.

2. Das Öl in einer großen Pfanne erhitzen und die Auberginenscheiben darin von beiden Seiten goldbraun braten.

3. Für die Sauce die Tomaten überbrühen, häuten, quer halbieren, entkernen und die Stielansätze entfernen. Die Früchte in kleine Würfel schneiden. Die Zwiebel abziehen und klein würfeln. Das Olivenöl in einem Topf erhitzen und die Zwiebelwürfel darin bei schwacher Hitze glasig dünsten.

4. Die Tomatenwürfel dazugeben und unter Rühren langsam aufkochen lassen. Die Tomatensauce mit Salz, Pfeffer, Thymian und Paprikapulver kräftig würzen und zugedeckt etwa 20 Minuten schmoren lassen. Dann die Sauce mit einem Schneidstab pürieren. Den Backofen auf 180 °C vorheizen.

5. Den Boden einer kleinen Auflaufform mit etwas Tomatensauce leicht bedecken. Eine Lage Auberginenscheiben darauf legen und mit Tomatensauce bedecken. Mit etwas zerbröseltem Schafskäse bestreuen. Darauf einige Basilikumblätter geben, dann wieder Auberginenscheiben und Tomatensauce. Im Wechsel fortfahren. Den Abschluss bilden Tomatensauce und Parmesankäse. Im Backofen etwa 18 bis 20 Minuten backen. Mit frischen Basilikumblättchen garniert servieren.

▶ **Eiweiß**

Für 2 Personen
braucht etwas mehr Zeit
25 Min. + 25 Min. Garzeit

- 1 Aubergine
- Meersalz
- 3–4 EL Olivenöl
- 500 g reife Tomaten
- 1 Zwiebel
- 1 EL Olivenöl
- Meersalz
- Pfeffer
- 1 TL getrockneter Thymian
- 1 TL Paprikapulver, edelsüß
- 150 g Schafskäse
- 4 EL Parmesan, fein gerieben
- einige Basilikumblätter

## Gebackener Brokkoli mit Sesam

Brócoli al horno con semillas de sesame (Spanisch)

▶ Neutral

Für 2 Personen
gelingt leicht  20 Min. + 10 Min. Backzeit
3 TL heller Sesam · 600 g Brokkoli · 1–2 Knoblauchzehen · 2 EL Olivenöl · Meersalz · ½ TL Kreuzkümmel

1. Den Sesam in einer kleinen Pfanne ohne Fett leicht rösten, dann beiseitestellen.

2. Den Brokkoli putzen, waschen und in kleine Röschen zerteilen, die Stiele schälen. Beides in kochendem Wasser in 8 bis 10 Minuten bissfest garen. Das Gemüse aus dem Wasser heben, gut abtropfen lassen, dann auf ein Backblech legen. Den Backofen auf 200 °C vorheizen.

3. Den Knoblauch abziehen und fein hacken. Das Öl mit dem gerösteten Sesam, Knoblauch, Salz und Kreuzkümmel vermischen und über das Gemüse träufeln. Im Backofen etwa 5 bis 8 Minuten braten, bis sich das Aroma entfaltet hat.

## Geschmortes Gemüse

Sofrito (Spanisch)

▶ Eiweiß

Für 2 Personen
preiswert  25 Min. + 25 Min. Garzeit
1 große weiße Zwiebel · 2–3 Knoblauchzehen · 1 hellgrüne Spitzpaprikaschote · 1 rote Paprikaschote · 2 Tomaten · 2 EL Olivenöl · 5 Stiele glatte Petersilie · Meersalz · frischer Pfeffer aus der Mühle · 2 Knoblauchzehen

1. Die Zwiebel und Knoblauch abziehen. Die Zwiebel achteln, den Knoblauch vierteln und in Scheiben schneiden. Die Paprikaschoten waschen, halbieren, entkernen und in etwa 2 Zentimeter große Quadrate schneiden. Die Tomaten überbrühen, häuten, entkernen und in grobe Stücke schneiden.

2. Das Öl in einer Pfanne erhitzen. Zwiebel und Knoblauchwürfel darin glasig dünsten. Paprikastücke dazugeben und unter gelegentlichem Wenden langsam schmoren lassen. Die Tomaten unterrühren und weitere 6 bis 8 Minuten durchschmoren lassen.

3. Petersilie waschen, die Blättchen von den Stielen zupfen. Im Mörser zusammen mit Salz, Pfeffer und 2 Knoblauchzehen zerstampfen. Die Würzmischung kurz vor dem Servieren in das Sofrito einrühren.

Tipp
Servieren Sie das Sofrito warm oder kalt als Beilage zu gegrilltem Fleisch oder Fisch.

## Grüne Bohnen mit Tomaten

Fagiolini al pomodoro (Italienisch)

▶ **Eiweiß**

Für 2 Personen
preiswert ⏲ 20 Min. + 25 Min. Garzeit
400 g grüne Bohnen · Meersalz · 5 reife Tomaten · 1–2 Knoblauchzehen · 1 EL Olivenöl · Pfeffer · 10 Basilikumblättchen

1. Die Bohnen waschen, putzen und in etwa 3 Zentimeter lange Stücke schneiden. In einem Kochtopf leicht gesalzenes Wasser zum Kochen bringen, die Bohnen dazugeben und in 7 bis 9 Minuten bissfest kochen.

2. Inzwischen die Tomaten überbrühen, häuten, grob würfeln, dabei die Stielansätze der Tomaten entfernen. Den Knoblauch abziehen und fein hacken.

3. Das Öl in einem weiteren Topf erhitzen und den Knoblauch darin kurz anbraten. Die Tomatenstücke dazugeben und unter Rühren 5 Minuten dünsten.

4. Die Bohnen aus dem Wasser heben und zur Tomatensauce geben. Zugedeckt etwa 10 bis 12 Minuten bei geringer Hitze köcheln lassen. Das Gemüse mit Pfeffer und Salz abschmecken. Die Basilikumblättchen grob hacken und über das Gemüse streuen. Heiß oder warm servieren.

## Rosenkohl mit Mandelbutter

Coles de Bruselas con mantequilla de almendras (Spanisch)

▶ **Neutral**

Für 2 Personen
gut vorzubereiten ⏲ 25 Min.
600 g Rosenkohl · 2 TL Gemüsebrühe · ½ TL Muskatnuss · 1½ EL Butter · 2 EL Mandelblättchen

1. Den Rosenkohl putzen, waschen und die großen Röschen halbieren. Das Gemüse in einen Topf geben und knapp mit Wasser bedecken. Mit der Gemüsebrühe und Muskatnuss würzen und zugedeckt 15 bis 18 Minuten bissfest garen.

2. Die Butter in einer kleinen Pfanne aufschäumen lassen und die Mandelblättchen darin goldgelb braten.

3. Den Rosenkohl aus der Brühe nehmen, gut abtropfen lassen und mit der Mandelbutter übergießen. Heiß servieren.

## Französisches Schmorgemüse

Ratatouille (Französisch)

▶ **Eiweiß**

Für 4 Personen
gut vorzubereiten ⏲ 45 Min. + 30 Min. Garzeit

1 grüne Paprikaschote · 1 rote Paprikaschote · 1 kleine Aubergine · Meersalz · 4–5 EL Olivenöl · 1 Zucchini · 1 große Zwiebel · 2–3 Knoblauchzehen · 4 Tomaten · 1 Zweig frischer Rosmarin · 1–2 TL Thymian · 5 Salbeiblättchen, gehackt · 1–2 TL Oregano oder 1–2 TL Kräuter der Provence · Pfeffer

1. Die Paprikaschoten halbieren und putzen. Die Schoten auf ein mit Alufolie ausgelegtes Backblech legen und im Backofen bei 200 °C 10 bis 12 Minuten grillen. Die Haut abziehen und das Gemüse in Stücke schneiden.

2. Aubergine putzen, waschen und in 1 Zentimeter dicke Scheiben schneiden. Diese mit Salz bestreuen, 10 Minuten ziehen lassen, danach trockentupfen. Beide Seiten mit der Hälfte des Öls bestreichen und bei mittlerer Hitze braten.

3. Zucchini waschen, putzen und in Würfel schneiden. Die Zwiebel und Knoblauch schälen und beides fein würfeln. Die Tomaten überbrühen, häuten und in Stücke schneiden.

4. Zwiebel- und Knoblauchwürfel in einem Topf mit dem restlichen Öl anbraten. Das Gemüse dazugeben. Mit den Kräutern, Pfeffer und Salz würzen. Das Ratatouille etwa 30 Minuten bei schwacher Hitze schmoren lassen. Den Rosmarinzweig entfernen.

## Wirsinggemüse

Chou de Savoie (Französisch)

▶ **Neutral**

Für 2 Personen
gelingt leicht ⏲ 30 Min.

1 Zwiebel · 1 kleiner Kopf Wirsing · Meersalz · 1 EL Butter · 1 TL Gemüsebrühe (Instantpulver) · ½ TL Muskatnuss, frisch gerieben · 2 EL Crème fraîche

1. Die Zwiebel schälen und fein hacken. Vom Wirsing den harten Strunk und die Blattrippen herausschneiden. Die Blätter waschen, in kochendes, leicht gesalzenes Wasser geben und etwa 12 bis 15 Minuten leicht kochen lassen. Anschließend aus dem Wasser nehmen, gut abtropfen lassen und fein hacken.

2. Die Butter in einem Topf schmelzen und die Zwiebelwürfel darin bei schwacher Hitze glasig werden lassen. Den gehackten Wirsing hinzufügen und unter Rühren einige Minuten dünsten. Mit Brühe, Salz und Muskatnuss würzen und zugedeckt 5 Minuten garen. Das Gemüse mit Crème fraîche verfeinern und servieren.

## Blumenkohl mit Frischkäsesauce

Chou-fleur à la sauce au fromage (Französisch)

▶ Neutral

Für 2 Personen
gelingt leicht ⏲ 25 Min.
2 EL Mandelblättchen · 600 g Blumenkohl · 1 kleines Bund Salatkräuter (z. B. Petersilie, Schnittlauch, Kerbel, Dill, Borretsch, Sauerampfer) · 125 g Joghurt · 75 g Frischkäse · 1 EL Obstessig · 1 TL Paprikapulver, edelsüß · Kräutersalz

1. Die Mandeln in einer kleinen beschichteten Pfanne ohne Fett leicht rösten, dann beiseitestellen.
2. Den Blumenkohl putzen, waschen, in kleine Röschen zerteilen und in kochendem Wasser in 10 bis 12 Minuten bissfest garen. Das Gemüse aus dem Wasser nehmen, gut abtropfen lassen und in eine Schüssel geben.
3. Für die Frischkäsesauce die Salatkräuter waschen, trockenschütteln und fein hacken. Joghurt und Frischkäse cremig miteinander verrühren und die gehackten Kräuter untermischen. Mit Essig, Paprikapulver und Kräutersalz würzen.
4. Die Sauce über das Gemüse geben und mit den Mandelblättchen bestreut servieren.

## Gurkengemüse in Senf-Kapern-Sauce

Cetrioli in salsa di senape e capperi (Italienisch)

▶ Neutral

Für 2 Personen
gelingt leicht ⏲ 20 Min.
1 Salatgurke · 1 Zwiebel · 1 kleines Bund Dill · 1 EL Öl · 3 EL saure Sahne · 1–2 TL Senf · 1 EL Kapern aus dem Glas · Pfeffer · Meersalz

1. Die Gurke schälen, der Länge nach halbieren und mit einem Löffel die Kerne herauskratzen. Das Fruchtfleisch in kleine Stücke schneiden. Die Zwiebel schälen und fein hacken. Den Dill waschen, trocken schütteln und fein hacken.
2. Das Öl in einer beschichteten Pfanne erhitzen und die Zwiebelwürfel darin glasig dünsten. Die Gurkenstücke dazugeben und unter Rühren 8 bis 10 Minuten schmoren lassen.
3. Die saure Sahne und den Senf unterrühren. Die Kapern abgießen und dazugeben. Das Gurkengemüse mit Pfeffer und Salz würzen. Mit dem Dill garniert servieren.

## Gegrillte Artischocken

Alcachofas fritas (Spanisch)

▶ **Neutral**

Für 2 Personen
gut vorzubereiten ⏲ 25 Min.
3–4 Knoblauchzehen · 10 junge kleine Artischocken · 3–4 EL Olivenöl · Pfeffer · Meersalz

1. Den Knoblauch abziehen und fein hacken. Den Backofen auf 180 °C vorheizen.
2. Die Stiele der Artischocken mit einem scharfen Messer abschneiden und die äußeren harten Blätter entfernen. Den so freigelegten Artischockenboden in 1 Zentimeter dicke Scheiben schneiden.
3. Die Artischockenscheiben auf ein mit Backpapier ausgelegtes Backblech legen und mit dem Olivenöl beträufeln. Mit Pfeffer und Salz würzen und mit dem gehackten Knoblauch bestreuen. Im Backofen 10 bis 12 Minuten grillen, aus dem Ofen nehmen und servieren.

▶ **Das passt dazu**
Aioli (S. 38)

## Spanisches Gemüseragout

Pisto manchego (Spanisch)

▶ **Neutral**

Für 2 Personen
gelingt leicht ⏲ 25 Min.
1 Zwiebel · 1–2 Knoblauchzehen · 1 rote Paprikaschote · 1 kleine Aubergine · 1 Zucchini · 2 EL Olivenöl · 1 TL Rosmarin, fein gehackt · Meersalz · Pfeffer

1. Zwiebel und Knoblauch abziehen und fein hacken. Die Paprikaschote waschen, halbieren, Trennwände und Kerne entfernen und die Schote in kleine Würfel schneiden. Aubergine und Zucchini waschen, putzen und ebenfalls in kleine Würfel schneiden.
2. Das Öl in einer beschichteten Pfanne erhitzen und die Zwiebel- und Knoblauchwürfel darin andünsten.
3. Die Paprika-, Auberginen- und Zucchiniwürfel dazugeben und unter gelegentlichem Umrühren etwa 20 bis 25 Minuten schmoren lassen, bis die Flüssigkeit fast verdampft ist. Das Gemüse mit Rosmarin, Salz und Pfeffer würzen. Warm oder kalt servieren.

## Rote Bete aus der Folie

Betteraves rouges en papillotes (Französisch)

### ▶ Neutral

Für 2 Personen
gut vorzubereiten ⏲ 15 Min. + 40 Min. Backzeit
4 frische Knollen Rote Bete, etwa 600 g · 4 TL Olivenöl · 4 EL alter Balsamicoessig · Pfeffer · Meersalz · 4 kleine Zweige Rosmarin · 2 EL Crème fraîche · außerdem: 4 große Stücke reißfeste Alufolie

1. Den Backofen auf 180 °C vorheizen. Die Rote Bete putzen, die Knollen jeweils halbieren und auf vier ausreichend große Stücke Alufolie legen.
2. Das Gemüse mit dem Öl und Essig beträufeln und mit Pfeffer und Salz würzen. Die Rosmarinzweige obenauf legen, dann die Folie zu vier Päckchen fest verschließen und im Backofen etwa 40 Minuten backen.
3. Anschließend die Päckchen aus dem Ofen nehmen und leicht auskühlen lassen. Die Folie öffnen und die Rosmarinzweige entfernen. Die Schale der Roten Bete abziehen und das Gemüse zusammen mit der Crème fraîche servieren.

◀ Rote Bete aus der Folie

## Nudeln mit Pesto

Pasta con pesto (Italienisch)

### ▶ Kohlenhydrate

Für 2 Personen
gut vorzubereiten ⏲ 25 Min.
3 EL Pinienkerne · 1 Bund frische Basilikumblätter · 3 Knoblauchzehen · 100 ml Olivenöl · Pfeffer · Meersalz · 3–4 EL geriebener Parmesankäse · 30 g flüssige Butter · 160 g Tagliatelle · 300 g Kirschtomaten

1. Die Pinienkerne in einer Pfanne ohne Fett kurz rösten. Die Basilikumblätter grob zerkleinern, den Knoblauch abziehen. Die Pinienkerne, Basilikumblätter und den Knoblauch zusammen mit dem Öl, Pfeffer und Salz im Mixer fein pürieren.
2. Die Sauce in eine Schüssel geben und mit einem Holzlöffel den Käse und die flüssige Butter unterziehen.
3. Die Nudeln in reichlich leicht gesalzenem Wasser bissfest garen. Die Nudeln abgießen und etwas Nudelwasser dabei auffangen. Die Nudeln in eine Servierschüssel geben und mit 2 Esslöffeln Kochwasser verrühren. 4 bis 5 Esslöffel Pesto dazugeben und alles gut miteinander vermischen.
4. Die Tomaten waschen und halbieren. Mit Pfeffer und Salz würzen. Zusammen mit den Nudeln servieren.

**Tipp**
Restliches Pesto in ein Schraubglas geben. Mit Öl bedeckt hält sich diese Sauce im Kühlschrank etwa 2 bis 3 Monate frisch.

## Scharfe Spaghetti mit Paprika

Capellini con paprica piccante (Italienisch)

### ▶ Kohlenhydrate

Für 2 Personen
preisgünstig ⏲ 25 Min.
2 große rote Paprikaschoten · 2–3 EL Olivenöl · 2–3 Knoblauchzehen · 1 kleine getrocknete Chilischote · 4 Zweige Petersilie · 160 g Capellini oder dünne Spaghetti · Meersalz

1. Die gewaschenen Paprikaschoten rundherum dünn mit Öl bestreichen. Die Schoten auf ein mit Alufolie ausgelegtes Backblech legen und im Backofen bei 200 °C etwa 15 bis 20 Minuten grillen.

2. Das Gemüse aus dem Ofen nehmen, abkühlen lassen, dann die Haut abziehen und die Schoten halbieren. Trennwände und Kerne entfernen und die Paprikahälften in kleine Stückchen schneiden.

3. Den Knoblauch abziehen und in Scheiben schneiden. Die Chilischote zerbröseln. Die Petersilie fein hacken. Den Knoblauch in einer Pfanne mit dem restlichen Olivenöl goldgelb anbraten. Paprikastückchen und Chili dazugeben. Die Petersilie unterrühren, mit Salz abschmecken.

4. Die Nudeln in reichlich leicht gesalzenem Wasser in 10 bis 12 Minuten bissfest garen, dann abgießen. Die Paprikastückchen nochmals erhitzen, die Nudeln dazugeben und alles kräftig durchschwenken. Heiß servieren.

## Spaghetti mit kalter Tomatensauce

Spaghetti con salsa di pomodoro (Italienisch)

### ▶ Kohlenhydrate

Für 2 Personen
gut vorzubereiten ⏲ 25 Min.
400 g kleine Tomaten · 1 kleines Bund Rucola · 3–4 Knoblauchzehen · 2 EL Olivenöl · 1 EL getrockneter Oregano · Kräutersalz · 1 TL Sambal Oelek · Meersalz · 160 g Spaghetti ohne Ei · 2 EL frisch gehobelter Parmesan

1. Die Tomaten überbrühen, häuten, grob würfeln, dabei die Stielansätze der Tomaten entfernen. Den Rucola waschen, trocken schütteln, die harten Stiele entfernen und grob hacken.

2. Den Knoblauch schälen und in feine Scheibchen schneiden. Das Olivenöl in einer Pfanne erhitzen und den Knoblauch darin einige Minuten hellbraun rösten.

3. Tomaten, Rucola, Knoblauch und Olivenöl miteinander vermischen. Die Sauce mit dem Oregano, Kräutersalz und Sambal Oelek würzen.

4. Die Nudeln in reichlich leicht gesalzenem Wasser in 10 bis 12 Minuten bissfest garen, dann abgießen und abtropfen lassen. Die Nudeln in eine Schüssel füllen und mit der gewürzten Tomatensauce vermischen. Mit dem Parmesan bestreut servieren.

## Nudeln à la Pepi

Pasta alla Pepi (Italienisch)

### ▶ Kohlenhydrate

Für 2 Personen
gut vorzubereiten ⏲ 35 Min.
1 kleines Bund Rucola · 1 kleines Bund gemischter Kräuter (Thymian, Rosmarin und Oregano) · 300 ml Paprikasauce (siehe S. 39) · 100 ml Gemüsebrühe · 1 Msp. Chili · 160 g Penne · 2–3 EL frisch geriebener Parmesankäse · Meersalz

1. Den Rucola waschen, die harten Stiele entfernen und die Blättchen in feine Streifen schneiden. Thymian, Rosmarin und Oregano sehr fein hacken.

2. Die Paprikasauce in einen Topf geben, mit der Gemüsebrühe verdünnen, dann erhitzen. Die Sauce mit den gehackten Kräutern und etwas Chili kräftig würzen.

3. Zwischenzeitlich die Nudeln in reichlich leicht gesalzenem Wasser in 10 bis 12 Minuten bissfest garen, dann abgießen und abtropfen lassen. Die Nudeln in zwei tiefe Teller füllen und die Paprikasauce darüber verteilen. Mit dem Parmesankäse und gehacktem Rucola bestreuen. Sofort heiß servieren.

▶ Das passt dazu
Gurkensalat mit gerösteten Pinienkernen (S. 54)

## Gemüsepaella

Paella de verduras (Spanisch)

### ▶ Kohlenhydrate

Für 2 Personen
braucht etwas mehr Zeit ⏲ 25 Min. + 30 Min. Garzeit
1 große rote Paprikaschote · 1 grüne Paprikaschote · 1 kleine Aubergine · 100 g breite grüne Bohnen · 100 g Champignons · 2–3 Knoblauchzehen · 2–3 EL Olivenöl · 350 ml Gemüsebrühe · 120 g Reis · 1 Tütchen Safran · Meersalz · 1 TL Paprikapulver · 12 geschälte Mandeln · 12 schwarze Oliven · 1 Zweig Petersilie

1. Die rote Paprikaschote waschen, putzen und in Streifen schneiden, die grüne waschen, putzen und würfeln. Die Aubergine in Würfel schneiden, die Bohnen putzen und in Stücke schneiden. Die Champignons putzen und würfeln. Den Knoblauch abziehen und in Scheiben schneiden.

2. Rote Paprika in einer großen Pfanne in dem Öl dünsten. Herausnehmen und für die Garnitur beiseitelegen. Im restlichen Öl das übrige Gemüse und den Knoblauch unter Rühren kurz anbraten. Die Gemüsebrühe angießen und den Reis unterrühren. Mit Safran, Salz und Paprikapulver würzen. Die Paella 10 Minuten offen kochen lassen, weitere 10 Minuten bei kleiner Hitze garen lassen.

3. Mandeln und Oliven unterrühren und 5 Minuten weitergaren, bis alle Flüssigkeit aufgesogen ist. Die roten Paprikastreifen dekorativ auf die Paella setzen. Mit Petersilie garniert in der Pfanne servieren.

## Fettuccine mit Zucchini und Basilikum

Fettuccine aux courgettes et basilic frit (Französisch)

▶ Kohlenhydrate

Für 2 Personen
gelingt leicht ⏲ 35 Min.
2 EL Olivenöl · eine Handvoll frische Basilikumblätter · 500 g Zucchini · 2–3 Knoblauchzehen · 1 EL Butter · 80 g geriebener Greyerzer · 6 EL Sahne · Meersalz · Pfeffer · 1 TL getrockneter Thymian · 160 g Fettuccine oder Tagliatelle ohne Ei

1. In einer kleinen Pfanne das Öl erhitzen. Die Basilikumblätter darin knusprig braten, mit einem Schaumlöffel aus der Pfanne heben und auf Küchenkrepp abtropfen lassen.

2. Die Zucchini waschen, Blüten- und Stielansätze entfernen und die Früchte grob raspeln. Den Knoblauch schälen und fein hacken.

3. Die Butter in einer Pfanne aufschäumen und den Knoblauch darin dünsten. Die Zucchiniraspel dazugeben und unter Rühren kräftig anbraten. Den Käse und die Sahne unterrühren. Das Ganze mit Salz, Pfeffer und Thymian würzen, kurz aufkochen lassen, dann beiseitestellen.

4. Die Nudeln in reichlich Salzwasser bissfest garen, abgießen, eine Tasse Nudelwasser dabei auffangen. Die Zucchini zu der heißen Pasta geben und alles gut miteinander mischen. Nach Belieben etwas Nudelwasser dazugießen. Mit den Basilikumblättchen garniert servieren.

## Gebackener Reis

Riso al forno (Italienisch)

▶ Kohlenhydrate

Für 2 Personen
braucht etwas mehr Zeit ⏲ 25 Min. + 30 Min. Garzeit
1 Aubergine · Meersalz · 4 EL Olivenöl · 1 rote Paprikaschote · 1 grüne Paprikaschote · 2 Frühlingszwiebeln · 1 kleines Bund Petersilie · 150 g Rundkornreis · 300 ml Gemüsebrühe · Pfeffer · 80 g Parmesankäse am Stück

1. Die Aubergine waschen und in 1 Zentimeter dicke Scheiben schneiden. Diese mit Salz bestreuen, 10 Minuten ziehen lassen, danach trockentupfen. Jeweils beide Seiten mit zwei Dritteln des Öls bestreichen und in einer Pfanne anbraten.

2. Die Paprikaschoten halbieren und putzen, dann grob würfeln. Die Frühlingszwiebeln waschen, das Grün in Röllchen, das Weiße in Würfel schneiden. Die Petersilie grob hacken.

3. Frühlingszwiebeln, Paprika und Petersilie mit dem restlichen Öl in einer Pfanne unter Rühren anbraten. Den Reis dazugeben und kurz anrösten. Die Brühe dazugießen und alles mit Pfeffer und Salz würzen. Bei mittlerer Hitze garen, bis die Flüssigkeit aufgesogen ist.

4. Den Reis in eine Auflaufform geben und mit den Auberginenscheiben belegen. Den Parmesankäse darüber raspeln und im Backofen bei 175 °C 20 Minuten überbacken.

▶ Fettuccine mit Zucchini und Basilikum

## Risotto mit frischem Gemüse

Risotto Primavera (Italienisch)

### ▶ Kohlenhydrate

Für 2 Personen
braucht etwas mehr Zeit ⏲ 35 Min.
2 Frühlingszwiebeln · 1 EL Butter · 130 g Rundkornreis · 300 ml Gemüsebrühe · 1 rote Paprikaschote · 1 Zucchini · 250 g grüner Spargel · 125 g Austernpilze · 1 EL Olivenöl · 1 Chilischote · 25 g Parmesan, fein gerieben · Meersalz

1. Die Frühlingszwiebeln abziehen, das Grün in Röllchen, das Weiße in Würfel schneiden. Beides mit der Butter in einem Topf kurz andünsten.

2. Den Reis dazugeben und unter Rühren glasig braten. Die Hälfte der Brühe dazugießen und den Reis im offenen Topf etwa 10 Minuten garen. Die restliche Brühe nach und nach angießen und weitere 10 Minuten ausquellen lassen, gelegentlich umrühren.

3. Die Paprikaschote waschen, halbieren, putzen und würfeln. Zucchini waschen und grob würfeln. Vom Spargel die unteren Enden abschneiden, die Stangen in Stücke brechen. Die Austernpilze putzen und in Streifen schneiden.

4. Gemüse und Chilischote in einer Pfanne mit dem Öl knackig anbraten. Die Chilischote entfernen und das Gemüse mit dem Reis vermischen. Den Käse unterrühren, mit Salz abschmecken und das Risotto einige Minuten durchziehen lassen. In tiefen Tellern servieren.

## Lauchkuchen

Flamiche aux poireaux (Französisch)

### ▶ Kohlenhydrate

Für 4 Portionen
braucht etwas mehr Zeit
⏲ 30 Min. + 40 Min. Zeit zum Gehen
+ 25 Min. Backzeit
25 g frische Hefe · 200 g Weizenmehl, Type 550 · ½ TL Meersalz · 1 TL Öl · Butter für die Form · 2 große Stangen Lauch · 1 EL Butter · 1 EL Mehl, Type 550 · 80 g Sahne · 1 Eigelb · 150 g geriebener Greyerzer · Kräutersalz · etwas Muskatnuss, frisch gerieben · 1 Msp. Cayennepfeffer

1. Die Hefe in 130 Milliliter warmem Wasser auflösen und mit der Hälfte des Mehls zu einem Vorteig verrühren. Den Teig 20 Minuten zugedeckt an einem warmen Ort gehen lassen.
2. Restliches Mehl, Salz und Öl hinzufügen. Alles zu einem geschmeidigen Teig verkneten. Diesen in eine gefettete Springform (26 cm ⌀) geben und am Rand etwas hochziehen. Zugedeckt nochmals 20 Minuten gehen lassen.
3. Den Lauch waschen, in feine Ringe schneiden und in einem Topf mit der Butter glasig dünsten. Das Mehl unter den Lauch rühren. Die Sahne mit 80 Milliliter Wasser, Eigelb und der Hälfte des Käses verquirlen. Mit dem Kräutersalz, Muskat und Cayennepfeffer würzen.
4. Die Sahne-Käse-Mischung mit dem Lauch vermischen, dann auf dem Teig verteilen. Mit dem restlichen Käse bestreuen. Im Backofen bei 200 °C 20 bis 25 Minuten backen. Den Lauchkuchen warm oder kalt servieren.

## Spinattaschen

Empanadas (Spanisch)

### ▶ Kohlenhydrate

Für 12 Stück
braucht etwas mehr Zeit ⏲ 1 Std. + 40 Min. Backzeit
200 ml Olivenöl · 450 g Mehl, Type 405 · Meersalz · 300 g Spinat · 2 Frühlingszwiebeln · 2 EL Pinienkerne · 2 EL Rosinen · Meersalz · 1 – 2 TL Thymian · 1 EL Olivenöl · 1 Eigelb zum Bestreichen

1. Das Öl in einem Topf leicht erwärmen. 150 Milliliter warmes Wasser dazugeben und mit einem Handmixer verrühren, bis eine Emulsion entsteht. Die Hälfte des Mehls unterrühren, restliches Mehl und Salz unterkneten. Den fertigen Teig mit Mehl bestäuben.

2. Den Spinat waschen, dann in Streifen schneiden. Die Frühlingszwiebel abziehen, das Weiße in Scheibchen, das Grün in Röllchen schneiden.

3. Spinat, Frühlingszwiebeln, Pinienkerne, Rosinen, Thymian und Öl miteinander vermischen. Den Teig in 12 Portionen teilen, daraus Kugeln formen und zu runden Fladen (10 bis 12 Zentimeter ⌀) ausrollen.

4. Die Füllung auf den Fladen verteilen, den Teig darüber klappen und die Ränder festdrücken. Die Spinattaschen auf ein mit Backpapier ausgelegtes Backblech legen und mit Eigelb bepinseln. Im Backofen bei 150 °C 35 bis 40 Minuten backen. Warm oder kalt servieren.

## Pizettes mit Spinat und Schafskäse

Pizette con spinaci e formaggio pecorino (Italienisch)

### ▶ Kohlenhydrate

Für 12 Stück
braucht etwas mehr Zeit ⏲ 30 Min. + 40 Min. Zeit zum Gehen + 10 Min. Backzeit
25 g Hefe · 200 g Dinkelvollkornmehl · 1 kleines Bund Schnittlauch · 3 EL Öl · Meersalz · 300 g frischer Spinat · 2 – 3 Knoblauchzehen · 1 Zwiebel · 1 EL Butter · Meersalz · Pfeffer · 12 TL Pinienkerne · 150 g Schafskäse, z. B. Pecorino, gerieben

1. Die Hefe in 100 Milliliter lauwarmem Wasser auflösen. Das Mehl in eine Backschüssel geben, in der Mitte eine Vertiefung machen. Die Hefe in die Mulde geben und mit 3 Esslöffeln Mehl zu einem Vorteig verrühren. Zugedeckt 20 Minuten gehen lassen. Den Schnittlauch in Röllchen schneiden. Restliches Mehl, Öl, Salz und Schnittlauch mit dem Vorteig mischen und alles miteinander verkneten.

2. Den Teig 3 Millimeter dick ausrollen. Ca. 8 Zentimeter große Kreise ausstechen und auf einem mit Backpapier ausgelegten Blech verteilen. Mit einer Gabel mehrmals einstechen und nochmals 20 Minuten gehen lassen.

3. Den Spinat waschen. Knoblauch und Zwiebel abziehen, hacken und in der Butter anbraten. Den Spinat dazugeben. Mit Salz und Pfeffer abschmecken.

4. Den Spinat ausdrücken, auf den Pizettes verteilen. Pinienkerne und Käse darüber streuen, bei 200 °C 8 bis 10 Minuten backen.

## Blechkuchen mit roter Paprika

Coca con pimientos rojos (Spanisch)

### ▶ Kohlenhydrate

Für 1 Backblech
braucht etwas mehr Zeit ⏲ 30 Min.
+ 50 Min. Zeit zum Gehen + 20 Min. Backzeit
1 kg rote Paprikaschoten · 1 Würfel Hefe · ½ TL Honig · 500 g Mehl, Type 405 · 100 ml Olivenöl · Meersalz · 1 Eigelb · 1 Zweig Rosmarin · 3–4 Zweige Thymian · 4 EL Olivenöl · Meersalz · 2 Zwiebeln · 3–4 Knoblauchzehen · Pfeffer

1. Die Paprikaschoten waschen und im Ganzen im Backofen bei 180 °C 15 Minuten backen.
2. Die Hefe mit dem Honig in 150 Milliliter warmem Wasser auflösen. Das Mehl in eine Schüssel geben, in der Mitte eine Vertiefung machen. Die Hefe in die Mulde geben und mit 3 Esslöffeln Mehl zu einem Vorteig verrühren. Zugedeckt 20 Minuten gehen lassen. Restliches Mehl, Öl, Salz und Ei mit dem Vorteig mischen und alles verkneten. Den Teig ausrollen und ein gefettetes Backblech damit auslegen. Mit einer Gabel mehrmals einstechen und den Teig nochmals gehen lassen.
3. Die Kräuter hacken, mit dem Öl vermischen und salzen. Den Teig mit der Marinade bestreichen.
4. Zwiebeln und Knoblauch abziehen und in Scheiben schneiden. Paprikaschoten halbieren, säubern und in Streifen schneiden. Zwiebel, Knoblauch und Paprika auf dem Teig verteilen. Mit Salz und Pfeffer würzen und im Backofen bei 200 °C etwa 18 bis 20 Minuten backen.

## Pizza à la Giovanni

Pizza alla Giovanni (Italienisch)

### ▶ Kohlenhydrate

Für 2 Personen
braucht etwas mehr Zeit ⏲ 35 Min.
+ 40 Min. Zeit zum Gehen + 20 Min. Backzeit
2 große rote Paprikaschoten · 2 grüne Paprikaschoten · 1 Würfel Hefe · 200 g fein gemahlenes Dinkelvollkornmehl · Meersalz · etwas Öl für die Form · 4 EL Maiskörner (TK) · Pfeffer · 1 TL getrockneter Oregano · 125 g Mozzarella · 2 EL frisch geriebener Pecorino

1. Rote Paprikaschoten halbieren und auf ein mit Alufolie ausgelegtes Backblech legen. Im Backofen bei 200 °C etwa 12 Minuten grillen. Den Schoten die Haut abziehen und das Gemüse in Stücke schneiden. Grüne Paprikaschoten halbieren und in Würfel schneiden.
2. Die Hefe in 130 Milliliter warmem Wasser auflösen. Die Hälfte des Mehls unterrühren und zugedeckt 20 Minuten gehen lassen. Restliches Mehl und Salz zum Vorteig geben und alles verkneten. Den Teig in eine gefettete Form (28 Zentimeter ⌀) geben und den Boden damit auslegen. Den Teig weitere 20 Minuten gehen lassen.
3. Rote Paprikastücke auf dem Pizzaboden verteilen. Grüne Paprikawürfel und Maiskörner darüber geben und alles mit Salz, Pfeffer und Oregano würzen.
4. Den Mozzarella in Stücke schneiden und die Pizza damit belegen. Im Backofen etwa 12 Minuten bei 180 °C backen, mit dem Pecorino bestreuen und in weiteren 8 Minuten fertig backen.

# Kartoffelgratin

Gratin de pommes de terre (Französisch)

1. Die Kartoffeln pellen und in dünne Scheiben schneiden. Den Apfel schälen, vierteln, das Kerngehäuse entfernen und die Viertel in kleine Stücke schneiden. Die Zwiebel abziehen und grob würfeln.

2. Das Öl in einer Pfanne erhitzen. Apfel- und Zwiebelwürfel darin dünsten. Den Backofen auf 180 °C vorheizen.

3. Die Kartoffelscheiben zusammen mit den Apfel- und Zwiebelwürfeln in eine flache Auflaufform geben.

4. Die Brühe mit Pfeffer, Rosmarin und Thymian würzen, die Sahne unterrühren und alles über den Auflauf gießen. Den Käse gleichmäßig darüber verteilen. Im Backofen 20 Minuten überbacken, bis der Käse leicht gebräunt ist.

▶ **Kohlenhydrate**

Für 2 Personen
preisgünstig
20 Min. + 20 Min. Backzeit

- 400 g Pellkartoffeln
- 1 abgelagerter Apfel
- 1 große Zwiebel
- 1 EL Öl
- 125 ml Gemüsebrühe
- Pfeffer
- 1 TL gehackter Rosmarin
- 1 TL getrockneter Thymian
- 50 ml Sahne
- 100 g geraspelter Greyerzer Käse

▶ **Das passt dazu**

Gurkensalat mit gerösteten Pinienkernen (S. 54)

## Kartoffel-Käse-Püree

Purée de pommes de terre au fromage (Französisch)

### ▶ Kohlenhydrate

Für 2 Personen
preisgünstig ⏲ 40 Min.
400 g kleine Kartoffeln · 150 g frischer Cantal-Käse oder Greyerzer · 1 Knoblauchzehe · 1 EL Butter · 2 EL Crème fraîche · 100 g Joghurt · Pfeffer · Meersalz · 1 TL Paprikapulver, edelsüß

1. Die Kartoffeln waschen, in einen Topf geben und in etwa 20 Minuten gar kochen. Den Käse in Würfel schneiden. Den Knoblauch abziehen und hacken.
2. Die Kartoffeln abgießen, pellen und durch eine Kartoffelpresse drücken. Butter, Käse und Knoblauch daruntermischen. Crème fraîche mit dem Joghurt verrühren und unter das Püree mischen. Mit Pfeffer und Salz abschmecken.
3. Das Püree in eine Pfanne geben, unter Rühren langsam erhitzen, bis der Käse geschmolzen ist. Mit Paprikapulver bestäuben und servieren.

## Kartoffeln vom Blech mit Kräutersauce

Patate dal foglio con salsa verde (Italienisch)

### ▶ Kohlenhydrate

Für 2 Personen
gut vorzubereiten
⏲ 20 Min. + 30 Min. Garzeit
400 g kleine neue Kartoffeln · 2 EL Olivenöl · 2–3 TL Rosmarin, fein gehackt · 3 TL Majoranblättchen · Meersalz · 1 Bund gemischte Kräuter (Petersilie, Schnittlauch, Dill, Pimpinelle) · 1 kleine Zwiebel · 100 g saure Sahne · 200 g Joghurt · Pfeffer · Kräutersalz

1. Die Kartoffeln waschen und mit Schale der Länge nach halbieren. Die Schnittflächen mit dem Öl bestreichen und mit Rosmarin, Majoran und Salz bestreuen. Kartoffeln mit der Schnittfläche nach unten auf das Blech setzen, bei 200 °C 30 Minuten backen.
2. Die Kräuter waschen und fein hacken. Die Zwiebel schälen und fein würfeln.
3. Die saure Sahne mit dem Joghurt verrühren. Die Kräuter und Zwiebelwürfel untermischen. Mit Pfeffer und Kräutersalz würzen. Zusammen mit den Kartoffeln servieren.

## Pellkartoffeln mit Tsatsiki

(Griechisch)

### ▶ Kohlenhydrate

Für 2 Personen
preisgünstig
⏲ 15 Min. + 25 Min. Garzeit
400 g kleine Kartoffeln · 1 Bund Dill · 300 g griechischer Joghurt · 2–3 Knoblauchzehen · 1 Stück Salatgurke, etwa 10 cm · Pfeffer · Meersalz

1. Die Kartoffeln waschen, in einen Topf geben, mit Wasser bedecken und in ca. 20 Minuten garen. Den Dill waschen und fein hacken.
2. Den Joghurt in eine Schüssel geben und mit dem Schneebesen locker aufschlagen. Den Knoblauch schälen und durch eine Presse drücken. Die Gurke schälen und fein raspeln.
2. Gurkenraspel und Knoblauch mit dem Joghurt gut verrühren. Mit Pfeffer und Salz würzen und mit dem Dill bestreuen. Die Kartoffeln abgießen, heiß abpellen und zusammen mit dem Tsatsiki servieren.

▶ Pellkartoffeln mit Tsatsiki

## Melonen-Orangen-Sorbet

Helado de melon y naranja (Spanisch)

### ▶ Eiweiß

Für 4 Personen
exotische Zutaten  20 Min. + 3–4 Std. Gefrierzeit
1 kleine Cantaloupe- oder Netzmelone · 150 ml frisch gepresster Orangensaft · 5 EL Zitronensaft · 2–3 EL Honig oder 4 EL Stevia GrooVia · 1 Stück Ingwer, walnussgroß · 10 Minzeblättchen · 125 g Sahnejoghurt

1. Die Melone vierteln, entkernen, das Fleisch von der Schale lösen und in Würfel schneiden. Zusammen mit dem Orangen- und Zitronensaft im Mixer fein pürieren. Mit dem Honig oder Stevia süßen.

2. Den Ingwer schälen und sehr fein würfeln. Die Minze waschen, trocken schütteln und fein hacken. Einige Minzeblättchen für die Garnitur beiseitelegen. Joghurt, Ingwer und Minze unterrühren.

3. Alles in eine Metallschüssel geben und 3 bis 4 Stunden im Gefrierfach frosten lassen. Zwischendurch immer wieder umrühren, damit sich keine Eiskristalle bilden.

4. Das geeiste Melonenpüree in Dessertgläser füllen und mit den restlichen Minzeblättchen garnieren.

Tipp

Der Clou dieses Rezepts ist der fein gehackte Ingwer. Die kleinen Ingwerstücke sollen im Sorbet erhalten bleiben, daher bitte nicht im Mixer pürieren.

# SORBETS & SÜSSSPEISEN

## Mandeleis mit Zimt

Helado de almendra con canela (Spanisch)

▶ Neutral

Für 4 Personen
gut vorzubereiten
20 Min. + 3 Std. Gefrierzeit

100 g geschälte Mandeln · 400 ml Sojamilch · 1 kleine Zimtstange · 1 EL abgeriebene Zitronenschale, naturrein · einige Tropfen Bittermandelöl · 2–3 EL Honig oder 4–5 EL Stevia GrooVia · 125 ml Sahne · etwas Zimt zum Bestäuben

1. Die Mandeln fein mahlen und in einer Pfanne trocken rösten, bis sie anfangen zu duften. Milch und Zimtstange dazugeben und alles kurz aufkochen lassen. Zitronenabrieb und Bittermandelöl unterrühren und alles mit Honig oder Stevia süßen. Zimtstange entfernen und die Mandelmilch durch ein Sieb in eine Schüssel geben. Unter Rühren abkühlen lassen.
2. Die Sahne steif schlagen und unterheben. Die Creme im Gefrierfach 3 Stunden gefrieren lassen, zwischendurch immer wieder umrühren. In Dessertgläser geben und mit Zimt bestäuben.

## Vanilleeis

Gelato alla vaniglia (Italienisch)

▶ Eiweiß

Für 4 Personen
braucht etwas mehr Zeit
20 Min. + 3 Std. Gefrierzeit

1 Vanilleschote · 500 ml Milch · 4 Eigelb · 5 EL Stevia GrooVia · 100 ml Sahne · 1 Msp. Meersalz

1. Die Vanilleschote aufschneiden, das Mark herauskratzen. Die Milch mit dem Mark und der Schote in einem Topf aufkochen lassen. 15 Minuten ziehen lassen, die Schote entfernen.
2. Die Eigelbe mit dem Stevia aufschlagen, die Vanillemilch unter Rühren dazugießen. Die Mischung über dem Wasserbad 5 Minuten unter Rühren erhitzen (jedoch nicht über 80 °C). Abkühlen lassen, Sahne und Salz unterrühren. Die Mischung im Gefrierfach gefrieren lassen.
3. Das Eis mit frischen Früchten oder heißen Himbeeren servieren.

## Orangeneis

Helado de naranja (Spanisch)

▶ Eiweiß

Für 2–3 Personen
braucht etwas mehr Zeit
20 Min. + 3–4 Std. Gefrierzeit

5 Orangen · 2 EL Honig oder 3 EL Stevia GrooVia · 2 EL Gelfix 2:1, leicht gehäuft · 100 ml Sahne · 6 Orangenfilets · einige Minzeblättchen

1. Die Orangen auspressen. Den Saft in einen Topf geben und mit Honig oder Stevia süßen. Das Gelfix mit einem Schneebesen unterrühren, bis alles gelöst ist. Unter Rühren zum Kochen bringen und etwa 3 Minuten kochen lassen. Leicht abkühlen lassen, die Sahne unterrühren.
2. Die Creme in das Tiefkühlfach geben und 3 bis 4 Stunden gefrieren lassen. Die gefrorene Masse leicht antauen lassen, dann mit einem Messer in Scheiben schneiden.
3. Das Eis mit Sahnetupfern, den Orangenfilets und Minzeblättchen garniert servieren.

## Mangosorbet

Sorbete de mango (Spanisch)

### ▶ Eiweiß

Für 2 Personen
20 Min. + 3 Std. Gefrierzeit
1 reife Mango · 125 ml Milch · 1 großes Eigelb · 1 – 2 EL Stevia GrooVia oder 2 EL flüssiger Honig · 70 ml Sahne · einige Minzeblättchen

1. Die Mango schälen, das Fruchtfleisch vom Kern schneiden und mit dem Schneidstab pürieren. Milch und Mangopüree in einem Topf kurz aufkochen lassen. Durch ein Sieb streichen.

2. Eigelb und Stevia bzw. Honig mit einem Schneebesen cremig aufschlagen. Die heiße Mangomilch unter das Eigelb rühren, dann abkühlen lassen. Die Sahne steif schlagen und unterheben.

3. Die Creme im Gefrierfach 3 Stunden gefrieren lassen. Immer wieder umrühren, damit sich keine Eiskristalle bilden. Das Sorbet mit Minzeblättchen garnieren.

## Frischkäse mit Ingwer-Erdbeer-Sauce

Fromage frais avec une sauce de fraises en gingembre (Französisch)

### ▶ Eiweiß

Für 2 Personen
gut vorzubereiten 20 Min.
2 EL Pinienkerne · 1 kleines Stück Ingwer, haselnussgroß · 250 g Erdbeeren · 1 EL Zitronensaft · einige Tropfen Stevia Fluid · 200 g Ziegenfrischkäse, z. B. Chavroux

1. Die Pinienkerne in einer Pfanne ohne Fett kurz rösten, dann beiseitestellen. Den Ingwer schälen und sehr fein hacken.

2. Die Erdbeeren waschen und putzen. Ein Drittel davon mit dem Schneidstab fein pürieren, die restlichen Beeren in Würfel schneiden. Das Erdbeerpüree mit Zitronensaft, Ingwer und Stevia vermischen. Die Erdbeerwürfel unterheben.

3. Den Frischkäse in kleine Würfel oder Scheiben schneiden und zusammen mit der Erdbeersauce auf kleinen Tellern servieren. Mit den Pinienkernen bestreuen.

## Avocadocreme al Ronc

Crema di avocado al Ronc (Italienisch)

### ▶ Eiweiß

Für 2 Personen
gelingt leicht 20 Min.
2 reife Avocados · 150 ml Milch · 2 EL Honig oder 3 EL Stevia GrooVia · 60 ml Zitronensaft · 1 TL Zimt · 150 g Himbeeren (frisch oder TK) · 1 TL Honig oder einige Tropfen Stevia Fluid · einige Sahnetupfer

1. Die Avocados halbieren, den Stein entfernen. Das Fruchtfleisch herauslöffeln und mit der Milch, Honig oder Stevia GrooVia, Zitronensaft und Zimt mit dem Schneidstab pürieren.

2. Die Himbeeren verlesen, tiefgefrorene auftauen lassen. Die Hälfte der Himbeeren durch ein grobmaschiges Sieb streichen, das Püree dabei auffangen und mit dem Honig oder Stevia süßen.

3. Die Avocadocreme in Dessertschalen geben und die Himbeersauce darauf verteilen. Mit Sahnetupfer und den restlichen Himbeeren garniert servieren.

## Ingwerbirnen in Rotwein

Peras con jengibre al vino (Spanisch)

### ▶ Eiweiß

Für 4 Personen
braucht etwas mehr Zeit
25 Min. + 3 Std. Zeit zum Durchziehen

1 Stück Ingwer, walnussgroß · ½ Zitrone, naturrein · 4 große, feste Birnen · 750 ml Rotwein · ½ Zimtstange · 4 Nelken · 2 EL Honig oder einige Tropfen Stevia Fluid

1. Den Ingwer schälen und in Scheiben schneiden. Die Zitrone heiß abwaschen und in grobe Stücke schneiden. Die Birnen von oben nach unten schälen, die Stiele dabei nicht entfernen. Die geschälten Birnen in einen Topf geben und mit dem Rotwein übergießen.

2. Zimtstange, Nelken, Zitronenstücke und Ingwer dazugeben und alles mit dem Honig bzw. Stevia süßen. Zugedeckt etwa 10 bis 12 Minuten schwach kochen lassen. Den Topf von der Kochstelle nehmen und alles für 2 bis 3 Stunden gut durchziehen lassen.

3. Anschließend die Birnen aus dem Rotwein nehmen und kurz beiseitestellen. Den gewürzten Rotwein durch ein Sieb in eine Glasschale geben und die Birnen wieder zurück in den Rotwein legen. Gut gekühlt servieren.

## Zitronenmousse

Mousse au citron (Französisch)

### ▶ Eiweiß

Für 4 Personen
gut vorzubereiten
15 Min. + 4 Std. Zeit zum Gelieren

4 Blatt Gelatine · 250 g Beeren der Saison, z. B. Himbeeren, Erdbeeren, Heidelbeeren · 8 EL Birnendicksaft oder 4 EL Stevia GrooVia · 2–3 Zitronen · 350 g Joghurt · 1 EL abgeriebene Zitronenschale, naturrein · 150 g Sahne · 4 Blättchen Zitronenmelisse

1. Die Gelatine in kaltem Wasser 10 Minuten einweichen. Die Beeren säubern, zerkleinern und in eine Schüssel geben. Mit 2 Esslöffeln Birnendicksaft oder 1 Esslöffel Stevia süßen. Einige Früchte für die Garnitur beiseitelegen.

2. Die Zitronen halbieren, 2 dünne Scheiben für die Garnitur beiseitelegen. Die restlichen Zitronen auspressen. Den Saft mit dem restlichen Birnendicksaft bzw. Stevia kräftig verrühren, dann den Joghurt und den Zitronenabrieb untermischen.

3. Die Gelatine ausdrücken, in einem kleinen Topf bei geringer Hitze auflösen und tropfenweise unter den Zitronenjoghurt rühren. Die Sahne steif schlagen und mit einem Schneebesen unterrühren.

4. Die Beeren auf 4 Dessertgläser verteilen. Die Zitronenmousse darübergeben und für 3 bis 4 Stunden im Kühlschrank erstarren lassen. Mit den Zitronenscheiben und einigen Früchten garniert servieren.

▶ Ingwerbirnen in Rotwein

## Spanische Fruchtsuppe

Sopa de frutas españolas (Spanisch)

### ▶ Eiweiß

Für 4 Personen
gut vorzubereiten ⏲ 25 Min. + 6 Std. Kühlzeit

4 Blatt Gelatine · 2 Orangen · 1 Babyananas · 1 Persimone oder Kaki · 1 kleine Mango (Früchte zusammen etwa 600 g) · 250 ml frisch gepresster Orangensaft · 1 Zimtstange · ½ TL Kardamom · 2 EL Honig oder einige Tropfen Stevia Fluid

1. Die Gelatine in kaltem Wasser 5 Minuten einweichen. Die Orangen schälen und filetieren. Die Ananas schälen, den Mittelstrunk entfernen und das Fruchtfleisch fein würfeln. Persimone und Mango schälen und die Früchte würfeln.

2. Den Orangensaft mit der Zimtstange und Kardamom in einen Topf geben, unter Rühren aufkochen lassen, dann vom Herd nehmen. Die Gelatine ausdrücken und unter Rühren im heißen Saft auflösen.

3. Die vorbereiteten Früchte dazugeben und mit dem Honig oder Stevia süßen. Alles in eine Glasschale füllen und für etwa 5 bis 6 Stunden im Kühlschrank erkalten lassen.

## Honigmarzipan mit Schokolade

Mazapán con miel y chocolate (Spanisch)

### ▶ Kohlenhydrate

Für 40 Stück
gut vorzubereiten ⏲ 35 Min. + 5 Min. Backzeit

150 g fein geriebene Mandeln · 150 g fester Honig, z. B. Rapshonig · 10 Tropfen Bittermandelöl · 1 EL Rosenwasser · 2 TL Kakao, stark entölt · 50 g dunkle Schokolade (70 % Kakaoanteil) oder Stevia-Schokolade

1. Die Mandeln mit dem Honig, Bittermandelöl und Rosenwasser gut verkneten. Die Marzipanmasse halbieren und eine Hälfte mit dem Kakao verkneten.

2. Die Teige nacheinander zwischen Klarsichtfolie 2 Millimeter dick zu zwei gleich großen Rechtecken (10 × 40 Zentimeter) ausrollen. Die dunkle Platte auf die helle Platte legen und leicht andrücken. Von der langen Seite her aufrollen, dann in 1½ Zentimeter dicke Scheiben schneiden. Im Backofen bei 175 °C etwa 4 bis 5 Minuten backen.

3. Die Schokolade in einer kleinen Pfanne schmelzen lassen. Das Marzipankonfekt zur Hälfte in die Schokolade tauchen und im Kühlschrank erstarren lassen.

## Rum-Marzipan-Stangen

Barras de mazapán con ron (Spanisch)

### ▶ Kohlenhydrate

Für 25 Stück
gut vorzubereiten
⏲ 30 Min. + 10 Min. Backzeit
200 g ungeschälte Mandeln · 3 EL Stevia GrooVia · 2 EL Rum · 1 EL Rosenwasser · einige Tropfen Bittermandelöl · 1 EL fester Honig, z. B. Rapshonig · 5 EL Mandelblättchen · 25 g dunkle Schokolade (70 % Kakaoanteil) oder Stevia-Schokolade

1. Die Mandeln mit kochendem Wasser überbrühen, kurz ziehen lassen, dann die Haut abziehen. Die Mandeln im Backofen bei geringer Hitze gut trocknen lassen, anschließend sehr fein mahlen.
2. Das Stevia-Granulat mit einem Schneidstab fein pulverisieren und mit dem Mandelmehl mischen. Rum, Rosenwasser, Bittermandelöl und Honig unterkneten.
3. Den Backofen auf 180 °C vorheizen. Den Teig zu kleinen Stangen von etwa 4 Zentimetern Länge und einem Durchmesser von etwa 1½ Zentimetern formen und in den Mandelblättchen wälzen. Die Stangen auf ein mit Backpapier ausgelegtes Backblech legen und im Backofen etwa 10 Minuten backen. Nach Belieben mit geschmolzener Schokolade verzieren.

## Schoko-Eistorte

Pastel de chocolate de la crema (Spanisch)

### ▶ Kohlenhydrate

Für 16 Stück
braucht etwas mehr Zeit
⏲ 1 Std. + 18 Min. Backzeit + Kühlzeit über Nacht
70 g Haselnüsse, fein gerieben · 130 g Mehl, Type 405 · 2 TL Backpulver · 100 g Butter · 3 EL Stevia GrooVia · 1 Eigelb · 3 abgelagerte Äpfel · 1 TL Zimt · ½ TL Kardamom · 50 g Stevia-Schokolade oder Schokolade mit 70 % Kakaoanteil · 300 g Sahne · 1 EL Kakao, stark entölt · 5 Blatt weiße Gelatine · 500 g Joghurt (10 % Fett i. Tr.) · 3–4 EL Stevia GrooVia · 16 Sahnetuffs · 2 EL geraspelte Stevia-Schokolade oder Schokolade (70 %)

1. Nüsse, Mehl, Backpulver, Butter, Stevia GrooVia und Eigelb zu einem Teig verkneten. Den Teig in einer eingefetteten Springform (26 cm ⌀) verteilen, etwa 15 bis 18 Minuten bei 175 °C backen. Den Tortenboden auskühlen lassen, von der Form lösen und wieder zurücklegen.
2. Die Äpfel schälen und würfeln, mit wenig Wasser, 1 Teelöffel Stevia, Zimt und Kardamom bissfest dünsten.
3. Gelatine in kaltem Wasser 5 Minuten einweichen. Joghurt mit restlichem Stevia süßen. Gelatine ausdrücken, erhitzen, dann langsam unter den Joghurt rühren. Joghurt auf dem Tortenboden verteilen und mit den Früchten belegen. Die Torte über Nacht kalt stellen.
4. Die Schokolade mit Sahne und Kakao und in einem Topf erwärmen und auflösen. 2 Stunden kalt stellen. Die Schokosahne steif schlagen, auf den Früchten verteilen. Mit Sahnetuffs und Schokoladenraspeln garnieren. Die Torte eine Stunde in das Gefrierfach geben und sofort servieren.

## Zitronentorte

Gâteau au citron (Französisch)

► **Eiweiß**

Für 12 Stück
braucht etwas mehr Zeit
35 Min. + 20 Min. Backzeit + 6 Std. Kühlzeit

3 Eier · 1 Msp. Salz · 100 g gemahlene Mandeln · 1 EL Stevia GrooVia · 8 Blatt Gelatine · 2 Zitronen · 250 g Quark (20 % Fett i. Tr.) · 250 g Joghurt (3,5 % Fett) · 4–5 EL Stevia GrooVia · 300 ml Sahne · 16 Sahnetuffs

1. Das Eiweiß mit dem Salz steif schlagen. Mandelmehl mit Stevia und Eigelb verrühren. Eine Hälfte des Eischnees unterrühren, den restlichen Eischnee vorsichtig unterheben. Eine Springform (26 Zentimeter Ø) mit Backpapier auslegen, den Teig darauf verteilen und bei 160 °C 16 bis 18 Minuten backen.

2. Die Gelatine in kaltem Wasser 5 Minuten einweichen. Von einer Zitrone mit einem Schälmesser Streifen abschneiden. Von der anderen Zitrone 6 dünne Scheiben abschneiden und vierteln. Schale und geviertelte Scheiben beiseitelegen. Die Zitronen auspressen.

3. Quark und Joghurt mischen. Zitronensaft unterrühren, mit Stevia süßen. Die Gelatine ausdrücken, in einem Topf erhitzen und tropfenweise unter den Joghurtquark rühren.

4. Die Sahne steif schlagen und unterheben. Die Creme auf dem Boden verteilen, kalt stellen. Die Torte mit Sahnetuffs, den Zitronenscheiben und -streifen verzieren.

## Mandelkuchen

Tarta de almendras (Spanisch)

► **Eiweiß**

Für 16 Stück
gut vorzubereiten
25 Min. + 45 Min. Backzeit

220 g geschälte Mandeln · 30 g braune Mandeln mit Haut · 8 Eier · 7 EL Stevia GrooVia · 1 TL Zimt · 1 EL abgeriebene Zitronenschale, naturrein · 1 Msp. Salz · etwas Butter für die Form · etwas Mandelmehl für die Form · 1 EL Stevia-Puderzucker

1. Die geschälten Mandeln fein mahlen. Die braunen Mandeln grob hacken. Die Eier trennen. Eigelb mit Stevia, Zimt und Zitronenschale verrühren. Gemahlene und gehackte Mandeln unterrühren.

2. Das Eiweiß mit dem Salz steif schlagen. Zuerst eine Hälfte des Eischnees unterrühren, dann den restlichen Eischnee vorsichtig unterheben.

3. Eine Springform (26 Zentimeter Ø) mit Butter einfetten und mit etwas Mandelmehl ausstreuen. Den Teig hineingeben und den Kuchen im Ofen bei 160 °C etwa 40 bis 45 Minuten backen. Aus der Form nehmen, auf einem Gitter auskühlen lassen und mit etwas Stevia-Puderzucker bestäuben.

**So bekommen Sie zuckerfreien Puderzucker: Einfach 1 Esslöffel Stevia GrooVia mit dem Schneidstab einige Sekunden mahlen. Wichtig: Den Schneidstab sofort mit Wasser reinigen, da der feine Staub sonst das Gerät verklebt.**

## Granatapfelsaft

Jugo de granada (Spanisch)

### ▶ Eiweiß

Für 2–3 Gläser
exotische Zutaten ⏲ 20 Min.
2 Granatäpfel · einige Tropfen Stevia Fluid · 4 Eiswürfel

1. Von den Granatäpfeln jeweils das obere Krönchen und den unteren Boden abschneiden. Mit einem scharfen Messer der Länge die Schale dünn einschneiden, dann die Frucht mit den Händen auseinanderbrechen und die roten Kerne aus den kleinen Zwischenhäuten lösen.

2. Die roten Fruchtkerne mit dem Schneidstab pürieren, dann durch ein Sieb geben und den Saft dabei auffangen.

3. 200 Milliliter Wasser mit dem Stevia Fluid süßen und mit dem Granatapfelsaft mischen. Anschließend den Saft in 2 Longdrinkgläser füllen, die Eiswürfel dazugeben und gut gekühlt servieren.

Der gesunde Saft, in dem viele nützliche Schutzstoffe stecken, ist besonders gut für Diabetiker geeignet. Auch bei Prostatabeschwerden wirken diese Schutzstoffe lindernd.

# SHAKES & COCKTAILS

## Bananen-Kokos-Traum

Postre de platano y coco (Spanisch)

▶ Kohlenhydrate

Für 2 Gläser
preisgünstig
20 Min. + 1 Std. Kühlzeit
50 g Kokosraspel · 50 ml Sahne · 1 große Banane · 2 TL Honig oder 1 EL Stevia GrooVia · 2 Kugeln Mandeleis mit Zimt (siehe S. 96)

1. Die Kokosraspel mit der Sahne und 400 Milliliter Wasser in einem Topf unter Rühren kurz aufkochen, dann auskühlen lassen.
2. Die Mischung durch ein Sieb geben, mit einem Esslöffel die Kokosflocken ausdrücken und die Kokosmilch dabei auffangen. Die Milch 1 Stunde kühl stellen.
3. Die Banane schälen, in Stücke schneiden und in einen Mixer geben, Kokosmilch und Honig bzw. Stevia GrooVia hinzufügen und alles pürieren.
4. Den Drink in zwei rundbauchige Gläser füllen und je eine Kugel Mandeleis mit Zimt hineingeben. Sofort servieren.

## Geschlagene Banane mit Schokolade

Batido de plátano con chocolate (Spanisch)

▶ Kohlenhydrate

Für 4 Gläser
gelingt leicht
10 Min. + 2 Std. Gefrierzeit
4 Becher Joghurt à 125 g · 1 große Banane · 1 EL Stevia GrooVia · 15 g Schokolade (70 % Kakaoanteil) oder Stevia-Schokolade

1. Drei der vier Becher Joghurt für etwa 1½ bis 2 Stunden im Tiefkühlfach gefrieren lassen. Anschließend den gefrosteten Joghurt aus den Bechern nehmen und in einen Mixer geben.
2. Den vierten Becher Joghurt, die geschälte Banane, Stevia und die Schokolade hinzufügen und alles für einige Sekunden kräftig mixen. Den Joghurt-Bananen-Shake in 4 Gläser füllen und sofort servieren.

## Mandelmilch

Leche de almendra (Spanisch)

▶ Neutral

Für etwa 650 ml Milch
gut vorzubereiten
15 Min. + 8 Std. Einweichzeit
150 g Mandeln mit der braunen Haut · 1½ EL Honig oder einige Tropfen Stevia Fluid · etwas Zimt, Kardamom oder Vanille

1. Die Mandeln in einer Schüssel mit Wasser über Nacht einweichen. Danach die Mandeln mit frischem Wasser abspülen und mit 750 Milliliter Wasser im Mixer pürieren.
2. Ein großes Gefäß mit einem Mulltuch auslegen und die Mischung durchsieben. Die Mandeln mit den Händen ausdrücken.
3. Mandelmilch mit Honig oder Stevia süßen und mit Zimt, Kardamom oder Vanille würzen. Die Milch in eine Flasche füllen. Sie ist im Kühlschrank 2 bis 3 Tage haltbar.

**Tipp**

Die ausgepressten Mandeln können Sie im Backofen trocknen und zum Backen weiterverwenden.

## Ingwertee

Infusión de jengibre (Spanisch)

▶ **Neutral**

Für 4–5 Gläser
geht schnell
5 Min.
+ 10 Min. Zeit zum Ziehen
1 Stück Ingwer, walnussgroß · 2 EL Rosinen · 1 kleines Stück Zimtstange · 1 Msp. Kardamom · 1 EL Honig oder einige Tropfen Stevia Fluid

1. Den Ingwer dünn schälen und in feine Scheibchen schneiden. Diese mit den Rosinen und der Zimtstange in eine Kanne geben und mit 1 Liter kochendem Wasser übergießen.

2. Den Ingwertee mit dem Kardamom würzen und mit Honig bzw. Stevia leicht süßen. Den Tee etwa 10 Minuten ziehen lassen, dann die Zimtstange entfernen.

3. Den Tee zusammen mit einigen Ingwerscheibchen und Rosinen in Gläsern heiß oder kalt servieren.

## Pfefferminz-Zitronen-Limonade

Limonata (Italienisch)

▶ **Eiweiß**

Für 4–5 Gläser
geht schnell
5 Min.
+ 10 Min. Zeit zum Ziehen
1 Bund frische Pfefferminze · 1 Stück Ingwer, walnussgroß · 1 Zitrone, naturrein · 3–4 EL Birnendicksaft oder einige Tropfen Stevia Fluid · 10–12 Eiswürfel · 1 l Mineralwasser

1. Die Minze waschen, abtropfen lassen und grob hacken. Den Ingwer dünn schälen und in feine Scheibchen schneiden. Die Zitrone kalt abspülen und mitsamt der Schale in kleine Stücke schneiden.
2. Minze, Ingwer und Zitronenstücke in einen Krug geben und mit einem Holzlöffel gut zerstampfen. Mit dem Birnendicksaft oder Stevia süßen. Die Eiswürfel dazugeben und mit dem Mineralwasser auffüllen. In Longdrinkgläsern servieren.

*Tipp*

**Ingwer beruhigt den Magen, wirkt antiseptisch und entzündungshemmend und er stärkt das Immunsystem!**

## Fruchtiger Rotwein

Sangria (Spanisch)

▶ **Eiweiß**

Für 4–5 Gläser
gelingt leicht
15 Min.
+ 45 Min. Zeit zum Ziehen
2 Orangen, naturrein · 1 Zitrone, naturrein · 2 EL Brandy · 3/4 l Rotwein · 2 EL Honig oder einige Tropfen Stevia Fluid · 10 Eiswürfel

1. Die Orangen und die Zitronen heiß abwaschen und mit der Schale in kleine Würfel schneiden. Die Früchte in einen Glaskrug geben und mit einem Schuss Brandy marinieren.

2. Den Rotwein darübergießen. Mit Honig oder Stevia süßen und eine knappe Stunde ziehen lassen. Die Eiswürfel dazugeben und gut gekühlt servieren.

*Tipp*

**Eine Sangria ohne Alkohol können Sie auch aus einem roten Früchtetee herstellen.**

## Orangenflip

Crème de liqueur d'orange (Französisch)

▶ **Eiweiß**

Für 2 Gläser
gelingt leicht 15 Min.
2 große Orangen · 100 ml zuckerfreier Eierlikör (siehe folgendes Rezept) · 180 ml stilles Mineralwasser · 4 Eiswürfel · 2 Strohhalme

1. Die Orangen halbieren, 2 dünne Scheiben davon abschneiden und für die Garnitur beiseitelegen. Die Orangenhälften auspressen.

2. Den Orangensaft zusammen mit dem selbst gemachten Eierlikör, dem Wasser und den Eiswürfeln in einen Shaker geben und gut schütteln. Den Orangenflip in 2 Longdrinkgläser geben, mit den Orangenscheiben und Strohhalmen dekorieren und sofort servieren.

▶ Variante

250 Milliliter frisch gepressten Orangensaft mit einigen Tropfen Stevia und 125 Gramm Joghurt mixen, in 2 Gläser geben und jeweils 1 Kugel Vanilleeis hineingeben. Die Shakes sofort servieren.

◀ Orangenflip

## Köstlicher Eierlikör

Crème de liqueur spéciale (Französisch)

▶ **Eiweiß**

Für etwa 450 ml Likör
gut vorzubereiten 20 Min. + 6 Std. Gelierzeit
1½ Blatt Gelatine · 1 Vanilleschote · 125 ml Milch · 4 EL Stevia GrooVia · 3 Eigelb · 1 Msp. Meersalz · 50 ml Sahne · 75 ml Kirschwasser (mind. 38 %)

1. Die Gelatine in kaltem Wasser 5 Minuten einweichen. Von der Vanilleschote das Mark herauskratzen. Milch, Vanillemark und -schote mit dem Stevia in einen Topf geben und kurz aufkochen lassen. Dann die Vanilleschote entfernen.

2. Das Eigelb mit dem Salz verquirlen. Die heiße Vanillemilch unter Rühren dazugießen. Die Gelatine ausdrücken und tropfenweise unterrühren, bis alles gelöst ist.

3. Die Milch-Eier-Mischung über dem Wasserbad unter kräftigem Rühren langsam erhitzen. Vorsicht: Die Masse darf nicht über 80 °C heiß werden, da sie sonst gerinnt.

4. Die Flüssigkeit abkühlen lassen. Sahne und Kirschwasser unterrühren. Den Eierlikör in eine Flasche füllen und kalt stellen. Vor dem Servieren gut schütteln.

## Orangen-Aperitif

Arancione aperitivo (Italienisch)

▶ **Eiweiß**

Für 4 Gläser
gelingt leicht ⏲ 10 Min.
1 kleine Orange, unbehandelt · einige Tropfen Stevia Fluid · 4 Eiswürfel · 250 ml Prosecco, gut gekühlt · 4 Spritzer Sodawasser

1. Die Orange heiß abwaschen und mit der Schale in 1½ Zentimeter dicke Scheiben schneiden. Die Orangenscheiben mit einigen Tropfen Stevia Fluid süßen.

2. Je einen Eiswürfel in ein kleines Weinglas geben und je eine Orangenscheibe dazugeben. Den gut gekühlten Prosecco über die Orangenscheiben gießen und jedes Glas mit einem guten Spritzer Sodawasser auffüllen. Die Aperitifs sofort servieren.

## Mittelmeer-Cocktail

Cocktail mediterráneo (Spanisch)

▶ **Eiweiß**

Für 4 Gläser
geht schnell ⏲ 15 Min.
4 Orangen, unbehandelt · 1 kleine Ananas · 50 ml weißer Rum · einige Tropfen Stevia Fluid · 10–12 zerstoßene Eiswürfel

1. Eine Orange spiralenförmig abschälen und die Schale für die Garnitur beiseitelegen. Dann die Orangen halbieren, auspressen und den Saft kühl stellen.

2. Die Ananas schälen, in Scheiben schneiden, den inneren Teil entfernen und die Scheiben in kleine Stücke schneiden. Mit dem Rum übergießen und für kurze Zeit ziehen lassen. Die marinierten Ananasstücke mit den zerstoßenen Eiswürfeln im Mixer fein pürieren.

3. Den Cocktail mit dem Stevia süßen. Das Ganze durch ein Sieb in Cocktailgläser geben und mit dem Orangensaft auffüllen. Mit je einem Trinkhalm und einem Stück Orangenschale garniert servieren.

▶ Mittelmeer-Cocktail

## Menüs – auch mal für Gäste

Überraschen Sie Ihre Gäste einmal mit einem kulinarischen Trennkost-Menü à la Mediterrane. Damit – von der Vorspeise bis zum Nachtisch – alles harmonisch zusammen passt, sollten Sie sich schon im Vorfeld für ein Eiweiß- bzw. ein Kohlenhydratmenü entscheiden. Lassen Sie sich von den Menüvorschlägen inspirieren – hier ist für jeden Geschmack etwas dabei.

### Menü 1

- Geschmortes Gemüse (S. 76)
- Lammspieße nach Pepes Art (S. 65)
- Aioli (S. 38)
- Mandeleis mit Zimt (S. 96)

### Menü 2

- Kalte Gurkensuppe (S. 50)
- Tomaten-Paprika-Mais-Salat (S. 61)
- Hähnchenbrustfilet in Orangen-Senf-Sauce (S. 65)
- Zitronenmousse (S. 98)

### Menü 3

- Lauchsuppe (S. 51)
- Mariniertes Gemüse mit Oliven (S. 35)
- Wolfsbarsch in Salzteig (S. 73)
- Avocadocreme (S. 97)

### Menü 4

- Muschelsuppe in Tomatensud (S. 44)
- Gebratene Salatherzen (S. 60)
- Fischspieße »Mediterran« (S. 73)
- Frischkäse mit Ingwer-Erdbeer-Sauce (S. 97)

### Menü 5

- Sauerampfersuppe (S. 46)
- Geröstete Paprikaschoten (S. 34)
- Nudeln à la Pepi (S. 85)
- 1 Glas Bananen-Kokos-Traum (S. 106)

### Menü 6

- Kräutersalat mit Pilzen (S. 55)
- Spaghetti mit kalter Tomatensauce (S. 84)
- 1 Glas Geschlagene Banane mit Schokolade (S. 106)

### Menü 7

- Kerbelsüppchen (S. 45)
- Risotto mit frischem Gemüse (S. 88)
- 2 Rum-Marzipan-Stangen (S. 101)

### Menü 8

- Gazpacho (S. 45)
- Gurkensalat mit gerösteten Pinienkernen (S. 54)
- Pellkartoffeln mit Tsatsiki (S. 92)
- 1 Espresso

### Menü 9

- Kräutersalat mit Pilzen (S. 55)
- Mariniertes Gemüse mit Oliven (S. 35)
- Kartoffel-Käse-Püree (S. 92)
- Mandeleis mit Zimt (S. 96)

### Menü 10

- Kerbelsüppchen
- Bohnensalat in Vinaigrette
- Gefüllte Rindfleischröllchen
- Mango-Sorbet

### Menü 11

- Lauchsuppe
- Gemischter Salat
- Marinierte Schwertfischsteaks mit geschmorten Zucchini
- Melonen-Orangensorbet

### Menü 12

- Carpacchio di filetto
- Tomaten-Paprika-Mais-Salat
- Gemüse Paella
- Ingwer Tee

## Ihr persönlicher Kontakt zur Autorin

Weitere kostenlose Informationen rund um das Abnehmen erhalten Sie bei:

Trennkost-Club Ursula Summ
Buzòn N° 356
Calle Patricio Ferrandiz 40
E-03700 Denia/Alicante
Spanien

Tel. + 34 96 642 11 20
Fax + 34 96 578 47 15

E-Mail: summ@trennkost.de
Homepage: www.trennkost.de

## Bezugshinweise zu Stevia

Nähere Informationen zu Stevia und die Bezugsadresse von Produkten auf Stevia-Basis können Sie im Internet unter folgenden Adressen finden:

Medherbs – Kräuter für Leib und Seele
Aunelstraße 70
65199 Wiesbaden

Tel. 06 11/8 46 00 15

E-Mail: info@medherbs.de
Homepage: www.medherbs.de
Weitere Internetadresse: www.freestevia.de

## Was ist Stevia?

Seit dem 2. Dezember 2011 sind Steviolglycoside als E 960 in der EU als Lebensmittelzusatzstoffe zugelassen. Das hier im Buch verwende Stevia GrooVia ist eine Kombination aus Steviolglykosiden und Erythritol als Träger. Erythritol ist gesundheitlich sicher, da es fast vollständig unverändert wieder ausgeschieden wird.

Stevia ist frei von Kohlenhydraten und Kalorien. Es hat somit keinen negativen Einfluss auf den Blutzuckerspiegel und ist darum für Diabetiker und für Menschen, die Zucker meiden möchten, bestens geeignet.

Stevia ist von der Konsistenz her dem Zucker am ähnlichsten, schmeckt angenehm süß, ohne unerwünschten lakritzeartigen Beigeschmack.

Im Gegensatz zu vielen anderen Stevia-Produkten des Marktes, eignet sich GrooVia sehr gut zum Backen für Kuchen, Torten, Kleingebäck und Plätzchen. Es gibt dem Gebäck Volumen und sorgt auch für eine schöne Bräune.

Buchtipp:
Ursula Summ: Das Stevia-Buch für Diabetiker:
85 zuckerfreie Leckereien für Naschkatzen
Stuttgart: TRIAS-Verlag; 2013
ISBN 978-3-8304-6736-6

## Rezept- und Zutatenverzeichnis

**Bibliografische Information der Deutschen Nationalbibliothek**
Die Deutsche Nationalbibliothek verzeichnet diese Publikation in der Deutschen Nationalbibliografie; detaillierte bibliografische Daten sind im Internet über http://dnb.d-nb.de abrufbar.

Programmplanung: Uta Spieldiener

Redaktion: Annette Barth
Bildredaktion: Christoph Frick

Umschlaggestaltung und Layout:
Cyclus · Visuelle Kommunikation, Stuttgart
Bildnachweis:
Umschlagfoto vorn: Stockfood
Umschlagfotos hinten: Chris Meier, Stuttgart
Fotos im Innenteil: Fotolia/A Lein: S. 52/53; Fotolia/Kitchenkiss: S. 10; Fotolia/pat hastings: S. 26/27; José Guillen, Denia/Alicante: S. 6, 8, 16/17; Chris Meier, Stuttgart: S. 4/5, 19, 22, 23, 24, 31, 32, 41, 47, 48, 57, 59, 62/63, 67, 69, 72, 74, 79, 82, 87, 91, 93, 99, 102, 104/105, 108, 111; Stockfood: S. 3; Stockfood/Maximilian Stock Ltd: S. 94/95; Stockfood/Stella: S. 42/43; Stockfood/Wegner, Brigitte: S. 36/37

1. Auflage

Oswald-Hesse-Straße 50, 70469 Stuttgart

Printed in Germany

Repro: Ziegler und Müller, Kirchentellinsfurt
Satz: Ziegler und Müller, Kirchentellinsfurt
gesetzt in: APP/3B2, Version 9.1 Unicode
Druck: AZ Druck und Datentechnik GmbH, Kempten

Gedruckt auf chlorfrei gebleichtem Papier

ISBN 978-3-8304-6876-9 1 2 3 4 5 6

Auch erhältlich als E-Book:
eISBN (PDF) 978-3-8304-6877-6
eISBN (ePUB) 978-3-8304-6878-3

**Wichtiger Hinweis:** Wie jede Wissenschaft ist die Medizin ständigen Entwicklungen unterworfen. Forschung und klinische Erfahrung erweitern unsere Erkenntnisse, insbesondere was Behandlung und medikamentöse Therapie anbelangt. Soweit in diesem Werk eine Dosierung oder eine Applikation erwähnt wird, darf der Leser zwar darauf vertrauen, dass Autoren, Herausgeber und Verlag große Sorgfalt darauf verwandt haben, dass diese Angabe dem **Wissensstand bei Fertigstellung des Werkes** entspricht.

Die Ratschläge und Empfehlungen dieses Buches wurden von Autor und Verlag nach bestem Wissen und Gewissen erarbeitet und sorgfältig geprüft. Dennoch kann eine Garantie nicht übernommen werden. Eine Haftung des Autors, des Verlages oder seiner Beauftragten für Personen-, Sach- oder Vermögensschäden ist ausgeschlossen.

Geschützte Warennamen (Marken) werden **nicht** besonders kenntlich gemacht. Aus dem Fehlen eines solchen Hinweises kann also nicht geschlossen werden, dass es sich um einen freien Warennamen handelt.



Das Rezept zum Coverfoto finden Sie auf S. 60.

## SERVICE

### Liebe Leserin, lieber Leser,

hat Ihnen dieses Buch weitergeholfen? Für Anregungen, Kritik, aber auch für Lob sind wir offen. So können wir in Zukunft noch besser auf Ihre Wünsche eingehen. Schreiben Sie uns, denn Ihre Meinung zählt!

Ihr TRIAS Verlag
E-Mail-Leserservice: heike.schmid@medizinverlage.de
Lektorat TRIAS Verlag, Postfach 30 05 04, 70445 Stuttgart, Fax: 0711 89 31-748

ParacelsusClinica
al Ronc

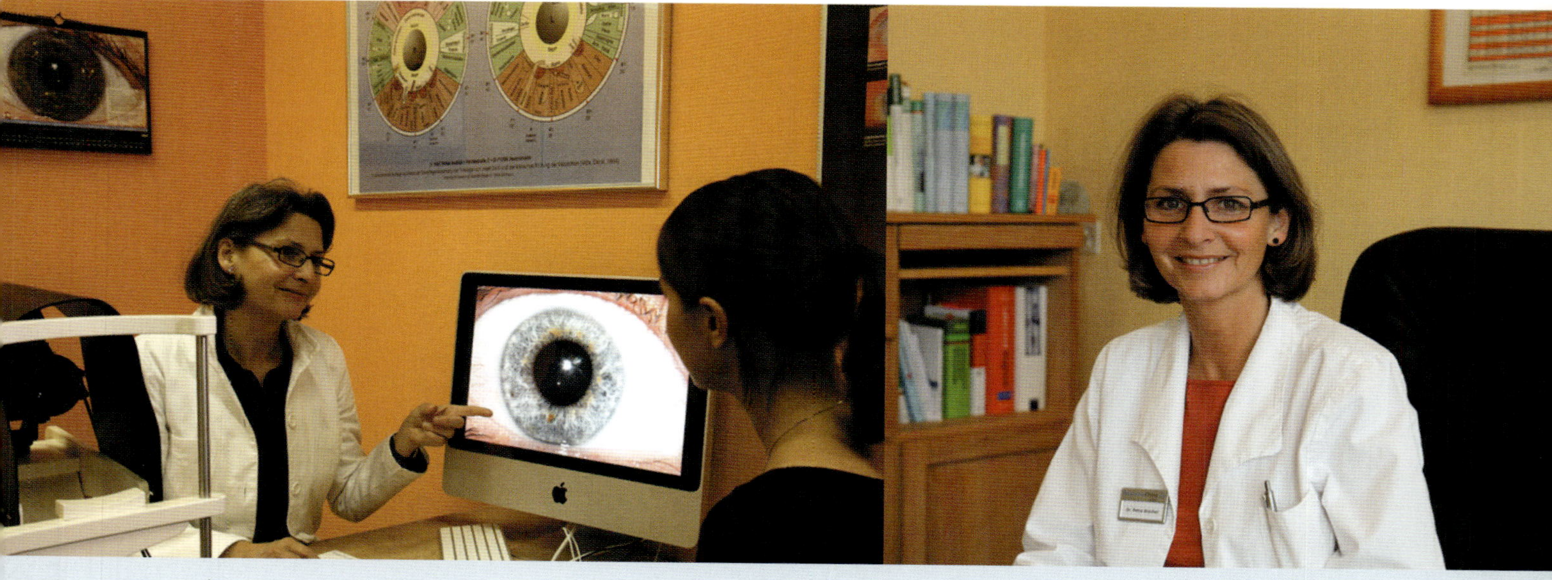